Olivers kleine, internationale, glutenfreie Weihnachtsbackwelt

REGIONALIA
apart

OLIVERS
GLUTENFREIE WELT

Die Weihnachtszeit ist eine Zeit voller Vorfreude und eine Zeit des Backens. Und gerade dann wünschen sich viele Menschen, auch glutenfrei endlich noch mal so richtig aus dem Vollen schöpfen zu können, um nach Herzenslust zu genießen.

In diesem Buch habe ich für Euch meine gelingsicheren Weihnachts-Rezepte zusammengetragen, mit denen Ihr sofort losbacken könnt. Mit saftigen und duftenden Zutaten, mit vielen Tipps und Anregungen und einer großen Portion Leidenschaft begleite ich Euch zu den leckersten Köstlichkeiten aus aller Welt.

Und wenn Eure gebackenen Ergebnisse dann einfach nur lecker schmecken, kann Weihnachten kommen.

Ich wünsche Euch viel Erfolg und viel Freude beim Backen und Ausprobieren — und eine frohe und vor allem genussvolle Weihnachtszeit!

Euer

Oliver Welling

Inhalt

Lebkuchen und Variationen

Mürbeteig und Variationen

Torten, Kuchen und Törtchen

Makronen und Co

Hefegebäck

Sonstige Spezialitäten und Glasuren

6 Lebkuchen und Variationen

Lebkuchen und Variationen

St. Gallener Biberle

Schweiz

Arbeitszeit
ca. 1 h + 1 h, um den Honiglebkuchen zu machen

Menge
Ergibt ca. 80 Stk.

ca. 750 g Honiglebkuchen-teig (s. separates Rezept)
ca. 400 g Marzipanrohmasse
Etwas Milch
Dextringlasur
(s. separates Rezept)

Zum Abstreichen vor dem Backen
1 Eigelb mit
50 g Milch mischen

Den Lebkuchenteig auf 2 bis 3 mm Dicke rechteckig ausrollen. Den unteren Rand gerade schneiden.

Die Marzipanrohmasse zu einer ca. 1 bis 2 cm dicken Rolle formen.

Den Lebkuchenteig am begradigten Rand dünn mit Milch abstreichen und die Marzipanrolle entlang dieser Kante auflegen.

Nun den Lebkuchenteig vom unteren Ende her aufrollen, bis die Marzipanrolle einmal vollständig vom Teig umhüllt ist und der Teig etwas überlappt.

Den überstehenden Teig abschneiden und die Stange nochmals nachrollen, sodass sie schön glatt und rund ist.

Die Stange mit der Naht, dem sogenannten Schluss, nach unten hinlegen und zweimal dünn mit der Eigelb-Milch-Mischung abstreichen.

Mit einem scharfen Messer nun die Stange in kleine Dreiecke schneiden, wobei die Schnitte an der Spitze nicht zusammentreffen sollten, sodass diese nicht zu dünn ist.

Mit dem Schluss nach unten auf ein Blech mit Backpapier setzen und bei 170 °C Umluft (180 °C Ober-/Unterhitze) im vorgeheizten Ofen backen. Backzeit ca. 9 bis 12 min, je nach Ofen. Sie sind fertig, wenn sie leicht braun sind.

Nach dem Backen noch heiß sehr dünn mit heißer Dextringlasur bestreichen.

Basler Leckerli

Schweiz

Arbeitszeit
ca. 50 min + über Nacht ruhen lassen

Menge
ca. 15 Stk.
Wartezeit beachten!

250 g Honig, flüssig
175 g Schär Mix Brot
85 g gf Hefeteigbrösel (s. Hinweis)
85 g ungeschälte Mandeln, gehackt
50 g Orangeat, gehackt
50 g Zitronat, gehackt
5 g Lebkuchengewürz
3 g Hirschhornsalz
3 g Pottasche
Zum Abstreichen:
Weiße Lebkuchenglasur (s. Rezept)

Aus Honig, Mehl und Hefeteigbröseln einen Vorteig machen und über Nacht abgedeckt stehen lassen. Nicht in den Kühlschrank stellen.

Am nächsten Tag alle Zutaten zu dem Vorteig geben und daraus einen Teig kneten.

Den Teig auf 30 x 20 cm ausrollen, die Dicke ergibt sich durch die Außenmaße, und auf ein Backblech mit Backpapier geben. Bitte den Teig exakt ausrollen, sonst trocknet er beim Backen aus.

Den Ofen auf 170 °C Umluft (180 °C Ober-/Unterhitze) vorheizen und die Teigplatte für 12 bis 15 min backen. Da jeder Ofen anders ist, den Backvorgang bitte genau überwachen.

Nach dem Backen noch heiß sehr dünn mit der weißen Lebkuchenglasur abstreichen. Dabei mit dem Pinsel viele Bewegungen hin und her ausführen, um die typische Struktur der Glasur zu erhalten.

Die Teigplatte abkühlen lassen, bis sie höchstens lauwarm ist, und abschließend in 6 x 6 cm große Stücke schneiden.

OLIVERS TIPP

Mit Hefeteigbröseln sind wie Paniermehl ein gemahlener Rest von Milchbrötchen, Hefezopf o. ä. (ohne Rosinen) gemeint. Helle Brötchen o. ä. eignen sich dagegen nicht.

Elisenlebkuchen

Deutschland

Arbeitszeit
ca. 45 min

Antrocknen
ca. 3 bis 4 h

Backen
ca. 20 min

Menge hängt von der Größe der Oblaten ab, bei der angegebenen Menge ca. 15 große oder 30 kleine

250 g Marzipan
225 g Zucker
200 g Mandeln, gemahlen
30 g Orangeat
30 g Zitronat
3 g Lebkuchengewürz
20 g Backkakao
10 g Vanillezucker
Abrieb ½ Zitrone
125 g Eiweiß
50 g Schär Mix Brot
Glutenfreie Oblaten

Alle trockenen Zutaten, bis auf das Mehl und die Oblaten, in einen ausreichend großen Topf geben.

Die trockenen Zutaten vermischen und anschließend das Eiweiß unterrühren.

Auf dem Herd bei mittlerer Hitze auf 60 °C (nicht heißer!) erhitzen, abrösten und dann das Mehl unterarbeiten.

Nach dem Abkühlen der Masse auf 40 °C kann sie auf die Oblaten aufgestrichen werden. Die Lebkuchen auf ein Backblech mit Backpapier setzen und trocknen lassen. Dieser Schritt ist wichtig, um die Form zu behalten, damit sie nicht beim Backen breitlaufen.

Den Ofen auf 160 °C Umluft oder 170 °C Ober-/Unterhitze vorheizen und die Elisenlebkuchen für ca. 15 bis 20 min backen.

Nach dem Erkalten mit Kuvertüre oder weißer Lebkuchenglasur überziehen.

Gewürzprinten

Deutschland

Arbeitszeit
ca. 1,5 h

Menge
ca. 60 bis 80 Stk.
je nach Größe
der Rechtecke

300 g Bienenhonig
75 g Zuckerrübensirup
2 g Zimt
3 g Anis, ganz
1 g Muskat, gemahlen
1 Msp. Nelke, gemahlen
1 g Hirschhornsalz
300 g Schär Mix Brot
150 g Schär Mix It
dunkel / rustico
85 g Farinzucker o.
Rohrohrzucker
60 g Grümmelkandis, braun
5 g Pottasche
40 g Orangeat,
wenn gewünscht

Zutaten Glasur
250 g Zucker
110 g Wasser
1 Blatt Gelatine
10 g Maisstärke, gesiebt
Etwas Vanille

Den Honig und Zuckerrübensirup zusammen auf 36 °C erwärmen. Währenddessen Zimt, Anis, Muskat, Nelke und Hirschhornsalz miteinander vermischen.

Die Mehle, Farinzucker, Kandis sowie Pottasche zu der erwärmten Honigmischung hinzufügen und verkneten. Die Gewürze und ggf. das Orangeat ebenfalls unterkneten.

Sobald der Teig fertig ist, kann er sofort verarbeitet werden.

Auf 5 mm Dicke ausrollen, in Rechtecke von 3 x 9 cm schneiden, auf ein Blech mit Backpapier setzen und die Oberfläche mit Milch abstreichen.

Den Ofen auf 170 °C Umluft (180 °C Ober-/Unterhitze) vorheizen und die Printen für ca. 10 bis 15 min backen.

Nach dem Auskühlen die Printen mit Schokolade überziehen oder während des Abkühlens die folgende Glasur zubereiten.

Glasur
Den Zucker und das Wasser auf 109 °C aufkochen, währenddessen die Gelatine einweichen.

Das heiße Zuckerwasser in der Küchenmaschine mit dem Schneebesen aufschlagen lassen und die eingeweichte Gelatine zufügen. So lange laufen lassen, bis die Masse auf 36 °C abgekühlt ist. Zu diesem Zeitpunkt die gesiebte Maisstärke und die Vanille unterlaufen lassen.

Diese Masse mit einem Pinsel auf die Printen dünn aufstreichen und trocknen lassen.

Honiglebkuchen

Deutschland

OLIVERS TIPP

Das Rezept eignet sich für alle möglichen Variationen, z. B. St. Gallener Biberle oder auch ein Hexenhaus. Die Backzeit orientiert sich stark an der Dicke und Größe der Gebäcke. Man muss sich ein bisschen herantasten und kann sich daran orientieren, ob das Gebäck von unten leicht gebräunt ist.

Arbeitszeit
ca. 1 h, je nachdem, was daraus wird

Menge
nicht festlegbar, da es davon abhängt, was man daraus macht.

320 g Bienenhonig
240 g Farinzucker
50 g Wasser
40 g Eigelb
20 g Zucker
500 g Schär Mix Brot
260 g Schär Mix It dunkel / rustico
20 g Lebkuchengewürz
10 g Hirschhornsalz für 26 g Milch
8 g Zimt
8 g Pottasche für 26 g Milch

Zum Abstreichen
2 Eigelb mit 60 g Milch vermischen

Honig, Farinzucker und Wasser in einem Wasserbad auflösen und auf 30 °C abkühlen lassen.

Das Eigelb mit dem Zucker schaumig schlagen.

Das Hirschhornsalz in der Milch auflösen.

Die Honig-Zucker-Lösung, die Mehle, die Gewürze und das Hirschhornsalz zum aufgeschlagenen Eigelb geben und zu einem Teig verarbeiten.

Die Pottasche in der Milch auflösen und erst jetzt zum Teig geben, dann noch einmal kräftig kneten, um eine homogene Verteilung zu erreichen.

Nun einen Teil des Teiges auf ca. 5 mm Dicke ausrollen und ein Stück zum Probebacken abschneiden.

Im auf 190 °C Umluft (200 °C Ober-/Unterhitze) vorgeheizten Ofen backen.

Sollte sich nicht genug Volumen entwickeln, etwas mehr Hirschhornsalz in Milch auflösen und unter den Teig arbeiten.

Gelingt die Probe, kann der Teig nach Wunsch weiterverwendet werden.

Ein schöner Glanz ergibt sich, wenn man die Oberfläche des Lebkuchens vor dem Backen zweimal dünn mit einer Eigelb-Milch-Mischung abstreicht.

Honigprinten

Deutschland

Arbeitszeit
ca. 1,5 bis 2 h

Menge
ca. 72 Stk.

320 g Honig
240 g Farinzucker / Muscovado / Rohrohrzucker
50 g Wasser
40 g Eigelb
20 g Zucker, weiß
500 g Schär Mix Brot
260 g Schär Mix It dunkel / rustico
20 g Lebkuchengewürz
10 g Hirschhornsalz für 26 g Milch
8 g Zimt
8 g Pottasche für 26 g Milch
270 g brauner Kandis, kleine Größe (Grümmel)

Zum Abstreichen
2 Eigelb mit
60 g Milch und
30 g Farinzucker / Muscovado / Rohrohrzucker vermischen

Zum späteren Abstreichen oder Überziehen
Vollmilch-, dunkle Kuvertüre oder weiße Lebkuchenglasur (s. separates Rezept)

Teil 1
Honig, dunklen Zucker und Wasser in einem Wasserbad auflösen und auf 30 °C abkühlen lassen.

Das Eigelb mit dem weißen Zucker schaumig schlagen.

Das Hirschhornsalz in der Milch auflösen.

Die Honig-Zucker-Lösung, die Mehle, die Gewürze und das Hirschhornsalz zum aufgeschlagenen Eigelb geben und zu einem Teig verarbeiten.

Die Pottasche in der Milch auflösen und erst jetzt zum Teig geben, dann noch einmal kräftig kneten, um eine homogene Verteilung zu erreichen, dabei nach und nach auch den braunen Kandiszucker unterlaufen lassen.

Nun einen Teil des Teiges auf ca. 5 mm Dicke ausrollen und ein Stück zum Probebacken abschneiden.

Im auf 190 °C Umluft (200 °C Ober-/Unterhitze) vorgeheizten Ofen backen.

Sollte sich nicht genug Volumen entwickeln, etwas mehr Hirschhornsalz in Milch auflösen und unter den Teig arbeiten.

Den Teig 5 mm dick auf 30 x 60 cm ausrollen und in 10 x 2,5 cm große Rechtecke schneiden.

Diese auf Backpapier setzen, mit der Milch-Mischung abstreichen und mind. 15 min trocknen lassen.

Den Ofen in der Zeit auf 210 °C Umluft (220 °C Ober-/Unterhitze) vorheizen.

OLIVERS TIPP

Die Printen können auch variiert werden.

Teil 2

Nun die Printen für 12 bis 15 min backen. Bitte überprüfen, ob das Gebäck durch ist. Da jeder Ofen anders ist, sind die Backzeiten nur Richtzeiten.

Die Printen auf dem Blech auskühlen lassen und nach dem Erkalten nach Wunsch überziehen oder abstreichen.

Variante 1

Nach dem Abstreichen in gestiftete Mandeln tunken, so backen und dann mit Schokolade nach Wunsch überziehen.

Variante 2

Nur 250 g Kandis verwenden und zusätzlich 300 g gewaschene Rosinen in den Teig geben. Die Printen direkt nach dem Abstreichen in gestiftete Mandeln drücken. So backen und abschließend mit heller oder dunkler Schokolade überziehen.

Variante 3

Nur 170 g Kandis verwenden, dafür zusätzlich 100 g Zitronat und 100 g Orangeat einsetzen.

Deutschland

Seit vielen hundert Jahren strömt aus den weihnachtlichen Backstuben immer wieder ein exotischer Duft. Es ist, als ob mit fleißigen Händen ein Stück Gelobtes Land mit in die Teige hineingewirkt werden soll. Mit reichlich Gewürzen, die in der traditionellen deutschen Küche ansonsten eher selten vorkommen:

Anis, Kardamom, Muskatnuss, Piment, Ingwer, Koriander, Nelken und Zimt. Für viele riecht und schmeckt Weihnachten seit Kindertagen genau so: nach Printen, Spekulatius und Lebkuchen.

Liegnitzer Bomben

Deutschland

Arbeitszeit
ca. 2 h

Menge
ca. 18 Stk.

Um die Bomben backen zu können, werden Backringe à 10 cm Durchmesser benötigt, alternativ kann man ein Muffinblech nutzen.

1.000 g Lebkuchenteig (s. Rezept)

Füllung 1
50 g Himbeerkonfitüre
35 g Bienenhonig
90 g Marzipan

Füllung 2
85 g Mandeln, gehackt
45 g Zitronat
45 g Orangeat
30 g Sultaninen/Rosinen

Für Füllung 1 Himbeerkonfitüre, Honig und Marzipan homogen miteinander vermischen. Es dürfen keine Klumpen vom Marzipan zurückbleiben; zur Not durch ein Sieb passieren.

Für die Füllung 2 Mandeln, Orangeat, Zitronat und Sultaninen / Rosinen vermischen.

Den Lebkuchenteig rechteckig auf ca. 5 mm Dicke ausrollen.

Füllung 1 gleichmäßig darauf verteilen, dann Füllung 2 aufstreuen.

Nun den Teig aufrollen.

Von der Rolle 2 cm breite Stücke abschneiden und auf einem Blech mit Backpapier in Backringe oder in ein Muffinblech legen.

Den Ofen auf 160 °C Umluft (170 °C Ober-/Unterhitze) vorheizen, das Blech einschieben und für ca. 15 bis 20 min backen.

Nach dem Backen auskühlen lassen, mit Kuvertüre überziehen und, wenn gewünscht, mit geschälten Mandeln verzieren.

Pfeffernüsse „modern“

Deutschland

Arbeitszeit
ca. 2 h

Menge
ca. 60 bis 70 Stk.

250 g Honiglebkuchenteig (s. separates Rezept)
1 Ei Größe M
10 g Wasser, kalt
250 g Farinzucker (brauner Rohrzucker / Muskovado)
25 g Orangeat
25 g Zitronat
220 g Schär Mix Kuchen & Kekse
9 g Lebkuchengewürz
5 g Backpulver
2 g Pottasche

Das Ei mit dem Wasser und Farinzucker schaumig schlagen.

Währenddessen das Orangeat und Zitronat fein hacken, anschließend mit Mehl, Gewürzen, Backpulver und Pottasche vermischen.

Nun nach und nach den Lebkuchenteig in die Ei-Zucker-Masse geben und zum Schluss die vermischten restlichen Zutaten unterlaufen lassen.

Den Teig 5 mm dick ausrollen und mit einem Glas oder einer runden Form von 3 cm Durchmesser die Pfeffernüsse ausstechen.

Die Rohlinge auf ein Blech mit Backpapier setzen und mit Milch abstreichen.

Das Blech in den auf 170 °C Umluft (180 °C Ober-/Unterhitze) vorgeheizten Ofen geben und für ca. 10 bis 15 min backen. Je nach Ofen bitte nach 10 min das Gebäck überprüfen.

Nach dem Backen auskühlen lassen und dann mit dunkler Kuvertüre oder weißer Zuckerglasur überziehen.

OLIVERS TIPP

Wenn gewünscht, kann das Lebkuchengewürz, je nach Geschmack, gegen eigene Mischungen ausgetauscht werden.

Kruidnootjes

Niederlande

Arbeitszeit
ca. 2 h

Menge
ca. 100 Stk.

100 g Butter, kalt, gewürfelt
200 g Schär Mix Kuchen & Kekse
100 g Muskovado-Zucker oder ganz dunkelbrauner Rohrohrzucker, fein
50 g Ei
4 g Backpulver
10 g Spekulatius-Gewürz
Wenig Vanilleextrakt
2 g Salz

Alle Zutaten von Hand oder mit der Küchenmaschine und Knethaken (nur langsame Stufe!) zu einem Teig verkneten. Es dürfen keine Butterstückchen mehr zu sehen sein.

Teig als Kugel oder Platte in Frischhaltefolie einpacken und für 1 h in den Kühlschrank legen.

Dann aus dem Teig kleine Kugeln aus dem Teig formen. Ungefähr so groß wie eine Haselnuss. **Wichtig**: Sie müssen alle möglichst gleich groß sein.

Anschließend mit etwas Abstand die Kugeln auf ein Backblech mit Backpapier geben und etwas andrücken. Nicht zu lange mit dem Teig hantieren, sonst wird er weicher und klebrig.

Wenn das Blech halb voll ist, den Ofen auf 170 °C Umluft oder 180 °C Ober-/Unterhitze vorheizen.

Wenn das Blech voll ist, kann das Backblech für 15 min in den Ofen und man legt dann weitere Kugeln auf ein neues Backpapier. Die Kruidnootjes auskühlen lassen, dann sind sie typisch knusprig und lecker.

OLIVERS TIPP

Die Kruidnootjes sind auch noch besser, wenn man sie mit dunkler Schokolade überzieht. Der Teig wird aromatischer, wenn er über Nacht im Kühlschrank liegt. Dann haben die Aromen Zeit durchzuziehen. Außerdem kann man nach Wunsch auch noch weißen Pfeffer, Anis und/oder Ingwer zugeben.

Prjaniki

Russland

Arbeitszeit
ca. 1 h

Menge
ca. 8 Portionen

450 g Schär Mix Kuchen & Kekse
6 EL Milch (3,5%)
8 EL Sonnenblumenöl
250 g Zucker
250 g Topfen
1 Pck. Backpulver
40 g Eigelb
10 g Vanillezucker

Zutaten Glasur
60 g Eiweiß
175 g Puderzucker

Die Eigelbe mit dem Zucker und dem Vanillezucker gut durchmischen.

Topfen bzw. Quark, Öl und Milch hinzugeben und gut durchmengen.

Mehl und Backpulver vermischen und in kleinen Mengen locker in der Masse einheben und zu einem Teig kneten.

Aus der Masse kleine Kugeln formen und diese zu Laibchen flachdrücken.

Backofen auf 180 °C vorheizen.

Pro Backblech (mit Backpapier) ca. 12 Laibchen platzieren. Auf dem Blech sollte man den Laibchen Platz lassen, da diese noch ein wenig an Volumen zunehmen.

Die Bleche in den Backofen geben und ca. 20 min goldgelb backen. Danach auf einen Rost geben, mit Glasur bestreichen und abkühlen lassen.

Glasur
Eiweiß und Puderzucker gut vermischen und mit einem Pinsel auf den noch heißen Laibchen verstreichen. Gut trocknen lassen.

Lebkuchen-Brownies

Amerika

Arbeitszeit
ca. 1 h

Menge
ca. 12 bis 24 Stk.

500 g Vollmilch-Kuvertüre
500 g Butter
250 g Haselnüsse, gemahlen
250 g Haselnüsse, gehackt
340 g Rohrohrzucker (brauner Zucker)
20 g Lebkuchengewürz
1 Pck. Backpulver + 25%
450 g Ei
25 g Vanille-Zucker
10 g Salz

Zutaten Glasur
220 g Vollmilch-Kuvertüre
65 g Butter

Kuvertüre mit der Butter schmelzen. Die Haselnüsse mit Backpulver vermengen und Zucker, Salz, Lebkuchengewürz und Eier zufügen. Die Butter-Kuvertüre-Mischung hinzugeben und alles gut verrühren.

Den Ofen auf 160 °C Umluft bzw. 170 °C Ober-/Unterhitze vorheizen und ein Backblech fetten oder mit Backpapier auslegen.

Die Masse auf das Backblech geben und gleichmäßig verteilen. Dann für ca. 30 bis 40 min backen. Stäbchenprobe machen. Während es etwas abkühlt, die Glasur herstellen.

Für die Glasur die Kuvertüre mit der Butter schmelzen und gut verrühren, dass sie homogen ist. Dann auf dem leicht warmen Gebäck verteilen.

Alles auskühlen lassen und vor dem Servieren alles in nicht zu große Rechtecke schneiden.

Brasilianischer Lebkuchen

Brasilien

Arbeitszeit
ca. 2 bis 2,5 h

Menge
ca. 20 bis 30 Stk.

Zutaten Mürbeteig
125 g Schär Mix Kuchen & Kekse
100 g Zucker
3 TL Cashewmehl
1 TL Tonkabohne, gerieben
85 g Butter, kalt, gewürfelt

Zutaten Belag
140 g Zucker
100 g Ei
2 TL Kurkuma-Puder
220 g Nüsse, fein gemahlen
140 g Mango, Papaya oder Banane, kandiert

Zutaten Dekoration
2 EL Cambuci-Saft (konzentriert)
Puderzucker, gesiebt
15 g Baru-Nüsse (optional)

Teig
Alle Zutaten in eine Schüssel geben und mit den Händen zu einem Teig kneten. Diesen dann in Frischhaltefolie verpackt 30 min im Kühlschrank ruhen lassen.

Danach den Teig dann ca. 1 cm dick ausrollen, Kreise ausstechen (ca. 5 – 7 cm Durchmesser) und auf ein Backblech mit Backpapier legen.

Belag
Zucker und Ei schaumig schlagen. Das kann ca. 20 min dauern, denn die Masse sollte sehr stabil sein, als würde man mein Biskuitrezept machen.

Dann die restlichen Zutaten trocken miteinander vermischen und unter die Eimasse heben, sodass alles homogen verteilt ist. Diese Masse in eine passende Schüssel füllen und mit Frischhaltefolie abgedeckt in den Kühlschrank stellen, bis sie fest ist.

Den Backofen auf 175 °C Umluft oder 185 °C Ober-/Unterhitze vorheizen.

Jetzt mit einem großen Löffel den Belag ausstechen und auf jeden Kreis einen Löffel legen. Am besten mit feuchten Händen den abgestochenen Belag noch zu Kugeln formen und beim Auflegen etwas andrücken.

Dann die Kekse ca. 12 min backen (Backzeit hängt vom Ofen ab) und nach dem Backen vollständig auskühlen lassen.

Jetzt aus dem Cambuci-Saft und Puderzucker in einer Tasse eine Glasur anrühren und die Kekse damit dekorieren. Als Spitze können die Kekse noch mit den Baru-Nüssen garniert werden.

Russland

Im christlich-orthodoxen Kalender fällt das Weihnachtsfest auf den 6. und 7. Januar. Traditionell begehen einige Menschen vor den opulenten Feiertagen eine 40tägige Fastenzeit, in der sie ihre Körper und Seele reinigen und zugleich ihre Sinne für die Köstlichkeiten schärfen. Am Heiligen Abend (6. Januar) wird erst gegessen, wenn der erste Stern am Himmel erscheint. Gerne werden an diesen Tagen mit den Prjaniki feine, süße Lebkuchen gereicht, die durch die Zugabe von Quark besonders zart schmecken.

Brasilien

Im hochsommerlichen Brasilien sind die Feiertage ein einziger sinnenreicher Genuss. Ein Lebkuchen-Gebäck mit dem süßlich-herben Geschmack der Tonkabohne sowie mit kandierten Mangos, Papayas oder Bananen unterstützt dabei die freudige Stimmung. Gerne wird an Weihnachten mit Nachbarn und Freunden auch getanzt und gesungen. Im Land der Urwälder und Palmen mag es außergewöhnlich klingen: Ein ursprünglich deutsches Lied hat es vor allem den Kindern besonders angetan – O Tannenbaum!

Ó pinheirinho de natal
Que lindos são seus ramos
Ó pinheirinho de natal
Que lindos são seus ramos

Suas flores nascem no verão
E no inverno elas se vão
Ó pinheirinho de natal
Que lindos são seus ramos

Mürbeteig und Variationen

Dattelkekse

Afrika

Arbeitszeit
ca. 2 h

Menge
ca. 16 Portionen

Zutaten Teig
120 g Butter
25 g Rohrohrzucker, braun (kein weißer Zucker)
160 g Schär Mix Brot
30 g Rosenwasser
2 g Salz

Zutaten Füllung
165 g Datteln, getrocknet, entsteint
25 g Butter
45 g Rosenwasser

Zutaten Glasur
110 g Puderzucker, gesiebt
10 g Rosenwasser

Butter auflösen und auf Raumtemperatur abkühlen lassen. Dann mit den restlichen Zutaten für den Teig verkneten. Es sollte ein geschmeidiger, nicht zu klebriger Teig entstehen. Den Teig dann in Frischhaltefolie einpacken und für 1 h in den Kühlschrank legen.

Für die Füllung dann die Datteln fein hacken. Dann die Butter in einer Pfanne erhitzen und die Datteln darin ca. 3 – 4 min anbraten. Jetzt das Rosenwasser dazugeben und die Dattelmasse weitere 1 – 2 Min. einkochen, sodass sie sämig wird. Die Masse in eine Schale geben mit Frischhaltefolie abdecken und auskühlen lassen.

Den Ofen auf 150 °C Umluft oder 160 °C Ober-/Unterhitze vorheizen.

Den Teig jetzt in 16 gleiche Stücke teilen und auf der leicht bemehlten (Reismehl) Arbeitsfläche so ausrollen, dass man Kreise von ca. 9 cm Durchmesser erhält.

Die Füllung auf die Mitte der 16 Kreise verteilen und dann ein rundes Gebäckstück formen. Sehr wichtig dabei ist, dass die Nahtstellen alle geschlossen sind. Sonst läuft die Füllung aus. Die Teigtaschen dann auf ein Backblech mit Backpapier setzen.

Wenn alle Teigtaschen fertig sind, das Backblech in den Ofen geben und für ca. 25 – 30 Min backen lassen. Backzeit kann je nach Ofen variieren. Nach dem Backen die Plätzchen auskühlen lassen.

Für die Glasur die 110 g Puderzucker mit 10 g Rosenwasser gut vermischen. Es sollte eine zähfließende Glasur entstehen. Wenn sie zu fest sein sollte, einfach **tropfenweise** mit Rosenwasser die Glasur weicher machen. **Aber vorsichtig!** Dann mit der Glasur die Gebäcke überziehen.

Brunsli

Schweiz

Arbeitszeit
ca. 1 ¾ h

Menge
ca. 40 Stk.

100 g dunkle Kuvertüre (keine Schokolade!)
250 g Mandeln, gemahlen
200 g Zucker
40 g Schär Mix Kuchen & Kekse
20 g Backkakao, gesiebt
60 g Eiweiß
1 g Zimt, gemahlen
1 g Salz
20 g Kirschwasser
Zucker zum Ausrollen

Kuvertüre fein hacken und entweder im Wasserbad oder in der Mikrowelle schmelzen. **Achtung:** nicht zu warm werden lassen. Mandeln, Zucker, Mehl, Kakao und Zimt in einer Schüssel trocken vermischen.

Nun das Eiweiß mit einem Schneebesen von Hand etwas anschlagen. Es sollte nur leicht weiß sein. Dann mit dem Kirschwasser und der geschmolzenen Kuvertüre vermischen. Dann das Gemisch zu den trockenen Zutaten geben und mit einem Rührlöffel zu einem Teig vermengen. Diesen Teig in Frischhaltefolie wickeln und für 1 h in den Kühlschrank stellen.

Nun ein Backpapier auf den Tisch legen und mit Zucker bestreuen. Den Teig auflegen und mit einem weiteren Backpapier abdecken und ca. 1 cm dick ausrollen. Das obere Backpapier abziehen und den Teig nochmals mit Zucker bestreuen und vorsichtig andrücken. Der Teig sollte nicht dünner als 1 cm sein.

Nun mit Ausstechern nach Wunsch (ca. 5 cm groß) kann man den Teig ausstechen und auf Backpapier legen. Sollte der Teig am Ausstecher kleben, den Ausstecher ab und zu in den Zucker tunken.

Wenn alles ausgestochen ist, die Teigreste vorsichtig zusammenkneten und wieder, wie beim ersten Mal, ausrollen und von vorne ausstechen. Solange wiederholen, bis der Teig verbraucht ist. Die Brunsli abdecken und über Nacht bei Zimmertemperatur antrocknen lassen.

Am nächsten Tag den Ofen auf 230 °C Umluft oder 240 °C Ober-/Unterhitze vorheizen. Die Brunsli dann für ca. 5 – 6 min backen. Die gebackenen Brunsli mit Backpapier auf einem Kuchengitter abkühlen lassen.

Mailänderli

Schweiz

Arbeitszeit
ca. 2 h

Menge
ca. 30 Stk.

125 g Butter, weich
125 g Zucker
5 g Vanillezucker
Abrieb ½ Zitrone
1 Ei Größe M
220 g Schär Mix Kuchen & Kekse

Zum Abstreichen
2 Eigelbe

Die Butter mit dem Schneebesen der Küchenmaschine leicht schaumig schlagen, dann Zucker, Vanillezucker und Zitronenschale unterrühren. Anschließend das Ei zugeben und so lange rühren, bis die Masse hell geworden ist. Nun den Schneebesen gegen den Knethaken tauschen.

Das Mehl auf die Masse sieben und alles zu einem Teig verkneten. So viel wie nötig, aber so wenig wie möglich kneten.

Der Teig ist sehr weich und wird nun in Frischhaltefolie verpackt für 1 bis 2 h in den Kühlschrank gelegt.

Den gut gekühlten Teig zwischen Folie oder auf der nicht zu stark bemehlten Arbeitsplatte auf eine Dicke von max. 6 bis 8 mm ausrollen und verschiedene Formen ausstechen.

Diese Kekse auf ein Backblech mit Backpapier legen, mit dem Eigelb abstreichen und antrocknen lassen.

Den Ofen auf 180 °C Umluft (190 °C Ober-/Unterhitze) aufheizen.

Für ca. 10 min backen, danach auf einem Gitter auskühlen lassen.

Butterspekulatius

Deutschland

Arbeitszeit
ca. 3 1/3 h

Menge
ca. 80 Stk.

215 g Butter
265 g Zucker
450 g Schär Mix Kuchen & Kekse
25 g Ei
50 g Milch
50 g Marzipanrohmasse
2 g Hirschhornsalz
2 g Salz
2 g Zitrone
2 g Zimt
Etwas Butter-Vanille-Aroma

Butter und Zucker zu einer glatten Masse verrühren. Alle anderen Zutaten zugeben und daraus einen homogenen Mürbeteig kneten, aber nicht zu lange, damit der Teig nicht brandig wird.

Gut eingepackt für 2 h in den Kühlschrank legen.

Danach nochmals kurz von Hand durchkneten, sodass er kalt, aber geschmeidig ist.

Nun auf eine Stärke von 2 bis 3 mm ausrollen und in Rechtecke von 5 x 2 cm schneiden. Auf ein Blech mit Backpapier setzen und sehr dünn mit Milch bestreichen.

Im vorgeheizten Ofen bei 170 °C Umluft (180 °C Ober-/ Unterhitze) für ca. 10 bis 15 min backen.

Gewürz-Spekulatius

Deutschland

Arbeitszeit
ca. 3 1/3 h

Menge
ca. 80 Stk.

225 g Butter
325 g Farinzucker / Rohrohrzucker
100 g Hefeteigbrösel*
50 g Wasser
25 g Ei
75 g Mandeln, gemahlen
550 g Schär Mix Kuchen & Kekse
10 g Spekulatiusgewürz
5 g Natron
5 g Salz

*Erläuterung
Mit Hefeteigbröseln sind trockene Reste von gebackenem süßem Hefeteig gemeint, die wie Paniermehl gemahlen wurden. Auf keinen Fall durch Paniermehl o. ä. ersetzen!

Butter und Zucker zusammen verrühren, bis eine glatte Masse entsteht. Alle anderen Zutaten zugeben und zu einem homogenen Mürbeteig kneten; aber bitte nicht zu lange kneten, sonst wird der Teig brandig und zerbröselt.

Nun gut eingepackt für 2 h in den Kühlschrank legen.

Danach kurz von Hand durchkneten, sodass er kalt und geschmeidig ist.

Auf eine Stärke von 2 bis 3 mm ausrollen und in Rechtecke von 5 x 2 cm schneiden. Auf ein Blech mit Backpapier aufsetzen und sehr dünn mit Milch bestreichen.

Im auf 170 °C Umluft (180 °C Ober-/Unterhitze) vorgeheizten Ofen für ca. 10 bis 15 min backen.

Heidesand

Deutschland

Arbeitszeit
ca. 2:10 h

Menge
ca. 90 bis 120 Stk.,
je nach Dicke
der Scheiben

325 g Butter, kalt und gewürfelt
165 g Kristallzucker
15 g Vanillezucker
1 Ampulle Vanillearoma
5 g Salz
(in etwas Wasser aufgelöst)
525 g Schär Mix Kuchen & Kekse
Zucker für das Backblech

Zum Abstreichen
1 Ei und etwas Salz miteinander verquirlen

Butter, Zucker, Vanillezucker, Vanillearoma und das aufgelöste Salz in der Maschine vermischen lassen, bis der Teig glatt ist; man sollte keine Zuckerkristalle mehr sehen.

Das Mehl hinzugeben und so kurz wie möglich kneten lassen. Der Teig sollte homogen sein und darf nicht kleben. Sollte er etwas kleben, kann man noch etwas Mehl unterkneten.

Den Teig in 200 g bis 250 g Portionen abwiegen und zu Stangen mit einem Durchmesser von 3 bis 4 cm rollen, die Länge sollte maximal dem später verwendeten Backblech entsprechen.

Die Stangen für mind. 30 bis 60 min im Kühlschrank fest werden lassen.

Ein zweites, sauberes Backblech auf den Tisch stellen und den Boden mit Zucker bedecken.

Wenn die Stangen fest sind, eine nach der anderen aus dem Kühlschrank nehmen, rund herum dünn und gleichmäßig mit verquirltem Ei abstreichen. So im Zucker rollen, dass die Stangenaußenseite bedeckt ist.

Nun 5 mm breite Scheiben abschneiden und auf ein Blech mit Backpapier setzen.

Im auf 180 °C Umluft bzw. 190 °C Ober-/Unterhitze vorgeheizten Ofen für ca. 12 bis 18 min backen.

OLIVERS TIPP

Vor dem Backen in die Mitte der Taler eine Vertiefung drücken, mit roter Marmelade auffüllen und backen.

Mandel-Pangani

Deutschland

OLIVERS TIPP

Möchte man Zeit sparen und nicht jeden Keks einzeln abpinseln, so kann das Ei-Milch-Gemisch in eine Sprühpistole gegeben werden.

Arbeitszeit
ca. 2:10 h

Menge
ca. 90 bis 120 Stk.

170 g Mandeln, ungeschält
250 g Butter
250 g Zucker
5 g Vanillezucker
5 g Butter-Aroma
1 Ei
400 g Schär Mix
Kuchen & Kekse
4 g Backpulver
3 g Salz
3 g Zimt
15 g Nussmus

Zum Abstreichen
2 Eigelb vermischt mit
60 g Milch

Die Mandeln kurz unter kaltem Wasser abbrausen und zum Trocknen auf ein Küchentuch legen.

Die Butter mit dem Zucker und den Aromen so lange verrühren, bis eine homogene, glatte Masse entstanden ist, es sollten keine Zuckerkristalle mehr zu sehen sein.

Dann mit allen restlichen Zutaten, außer den Mandeln, zu einem Mürbeteig verarbeiten. Erst kurz bevor der Teig fertig ist, auch die Mandeln unterlaufen lassen.

Aber bitte nicht zu lange kneten, sonst wird die Struktur des Teiges zerstört und das Gebäck zerläuft, deshalb ggf. von Hand fertig kneten.

Den Teig nun zu einem rechteckigen Block von ca. 4 cm Höhe formen. Diesen für mindestens eine Stunde abgedeckt in den Kühlschrank legen.

Den gekühlten Teig in 3 cm breite Scheiben schneiden, diese Scheiben in 5 mm dicke Streifen schneiden und auf ein Backblech mit Papier legen.

Jeden Keks mit der Eigelb-Milch-Mischung dünn abstreichen.

Im vorgeheizten Ofen bei 180 °C Umluft (190 °C Ober-/Unterhitze), je nach gewünschtem Bräunungsgrad, ca. 15 bis 20 min backen.

Afrika

Dattelpalmen gehören zu den symbolträchtigen Pflanzen der Bibel und stehen aufgrund ihrer Beständigkeit und Genügsamkeit für Gerechtigkeit und Hoffnung. Vor allem im Norden des kulinarisch und kulturell vielfältigen Kontinents Afrika gedeihen sie in großer Zahl und liefern uns ihre süßen Datteln. Um unserer Weihnachtsbäckerei einen kleinen afrikanischen Anklang zu geben, backen wir mit den altehrwürdigen Früchten.

Schweiz

Bäckereien und Konditoreien pflegen in der Schweiz mit Hingabe und Leidenschaft ein reichhaltiges Erbe an Köstlichkeiten. Der wohl bekannteste Exportschlager der Region Graubünden ist die Bündner Nusstorte. Auch wenn es viel Zeit beanspruchen mag, das Nachbacken ist ein Fest für die Sinne. Allein das langsam rührende Karamellisieren der Walnüsse zaubert ein Lächeln ins Gesicht – und wer mag, darf anschließend sicherlich auch den Löffel ablecken.

Saarländische Zimtwaffeln

Deutschland

Arbeitszeit
ca. 4 bis 5 h
je nach Waffeleisen

Menge
ca. 4 Portionen

200 g Butter, kalt und gewürfelt
5 g Salz (in sehr wenig Wasser aufgelöst)
250 g Zucker
100 g brauner Zucker
Abrieb ½ Zitrone
Etwas Vanille
Etwas Butter-Aroma
480 g Schär Mix Kuchen & Kekse
50 g Schär Mix Brot
15 g Zimt
2 Eier

Butter, Salzwasser, Zucker, braunen Zucker und Aromen so lange verkneten, bis eine geschmeidige Masse entstanden ist. Währenddessen das Mehl mit dem Zimt leicht mischen.

Die Eier unter die Buttermasse laufen lassen, danach das Mehl unterkneten, bis ein homogener Teig entstanden ist. Bitte aber nicht zu lange kneten, da der Teig sonst brandig wird und zerbröselt.

Den Teig nun für mind. 2 h gut eingepackt in den Kühlschrank legen.

Anschließend zu kleinen Kugeln rollen und im heißen Zimtwaffeleisen oder Eiswaffeleisen ausbacken.

Alternativ den Teig viereckig auf ca. 5 bis 6 mm Dicke ausrollen, Würfel von 1 cm Kantenlänge schneiden und ebenfalls in den genannten Waffeleisen ausbacken.

Hinweis
Schär ändert aktuell die Namen und Verpackungen seiner Mehle, die Rezeptur bleibt unverändert! Da wir gerade in der Übergangsphase sind, nenne ich beide Namen. So wird aus dem vertrauten Mix B künftig Schär Mix Brot.

Schoko-Bärentatzen

Deutschland

Arbeitszeit
ca. 1 h

Menge
ca. 3 bis 4 Portionen,
je nach Größe der Tatzen

250 g Butter, weich
125 g Puderzucker, gesiebt
25 g Ei
2 Eigelbe
4 g Salz
5 g Vanillezucker
5 g Butter-Aroma
330 g Schär Mix
Kuchen & Kekse
20 g Backkakao
Nougat u./o. Schokolade,
nach Wunsch

Butter, Zucker, Ei, Eigelbe, Salz und Aromen zusammen schaumig rühren, bis die Masse sehr, sehr hell ist. Danach das mit dem Kakao vermischte Mehl unterheben.

Mit einer Sterntülle auf einem Blech mit Backpapier Bärentatzen von mind. 3 cm Durchmesser aufdressieren.

Die Gebäcke im auf 170 °C Umluft (180 °C Ober-/Unterhitze) vorgeheizten Ofen in ca. 15 min fertig backen.

Mit Nougat zusammensetzen und/oder in Schokolade tunken bzw. überspinnen.

Spritzgebäck

Deutschland

OLIVERS TIPP

Wenn keine Nüsse erwünscht sind, einfach 25 g mehr Mehl benutzen und die Nüsse weglassen. Für einen Schokoteig 30 g Backkakao zugeben und die gleiche Menge Mehl weglassen

Arbeitszeit
ca. 2:30 h

Menge
4 Portionen

200 g kalte Butter, gewürfelt
2 g Salz (in sehr wenig Wasser aufgelöst)
200 g Puderzucker, gesiebt
½ Ampulle Vanille-Butter-Aroma
½ Ampulle Rum-Aroma
½ Ampulle Zitronen-Aroma (alle Aromen gleichzeitig verwenden)
2 Eier
475 g Schär Mix Kuchen & Kekse
50 g Nüsse, fein gemahlen

Butter, Salzwasser, Zucker und Aromen so lange verkneten, bis eine geschmeidige Masse entstanden ist.

Nun die Eier unterlaufen lassen und danach das Mehl und die fein gemahlenen Nüsse unterkneten, bis ein homogener Teig entstanden ist.

Bitte nicht zu lange kneten, da der Teig sonst brandig wird; er zerbröselt.

Wird eine Gebäckpresse oder Kanone genutzt, den Teig in passende Rollen formen. Dabei darauf achten, dass kein Luftloch in der Mitte der Rolle ist.

Die Rollen auf ein Blech legen und gut eingepackt für 60 min in den Kühlschrank legen.

Wird ein Fleischwolf genutzt, den Teig zu einer Kugel formen und ebenfalls gut verpackt im Kühlschrank ruhen lassen.

Nach der Ruhezeit den Ofen auf 175 °C Umluft bzw. 185 °C Ober-/Unterhitze vorheizen und nacheinander die Rollen aus dem Kühlschrank nehmen. Die Arbeitsfläche mit etwas Reismehl bestauben und mit der Kanone bzw. Gebäckpresse lange Teigstränge legen.

Diese Stränge in gleich lange Stücke schneiden und nach Wunsch zu „S“, „O“ usw. formen.

Alternativ, wie gewohnt, den Teig mit Hilfe des Fleischwolfes formen.

Die Plätzchen bei 175 °C Umluft oder 185 °C Ober-/Unterhitze für ca. 10 bis 15 min backen.

Spritzmürbeteig/ Sandgebäck

Deutschland

Arbeitszeit
ca. 1 h

Menge
3 bis 4 Portionen, je nach Größe der Tatzen.

250 g Butter, weich
125 g Puderzucker, gesiebt
25 g Ei
2 Eigelbe
4 g Salz
5 g Vanillezucker
5 g Butter-Aroma
350 g Schär Mix Kuchen & Kekse
Nougat u./o. Schokolade, nach Wunsch

Butter, Zucker, Ei, Eigelbe, Salz und Aromen zusammen schaumig rühren, bis die Masse sehr, sehr hell ist. Danach das Mehl unterheben.

Mit einer Sterntülle auf einem Blech mit Backpapier Rosetten, Zungen usw. aufdressieren.

Die Gebäcke im auf 170 °C Umluft (180 °C Ober-/Unterhitze) vorgeheizten Ofen in ca. 15 min fertig backen.

Mit Nougat zusammensetzen und/oder in Schokolade tunken bzw. überspinnen.

OLIVERS TIPP

Ist ein Grundrezept für sehr viele Gebäcksorten wie z. B.: Flammende Herzen usw.

Vanillekipferl

Deutschland und Österreich

Arbeitszeit
ca. 2:30 bis 3 h

Menge
4 Portionen

410 g Butter, kalt, in kleine Würfel geschnitten
200 g Puderzucker
2 Eier
1 Prise Salz
610 g Schär Mix Kuchen & Kekse
200 g gemahlene Walnüsse (Haselnüsse, Mandeln)

Vanille- und Puderzucker nach Geschmack und Belieben zum Wälzen der Vanillekipferl

Zuerst die kalten Butterwürfel und Mehl mit den Händen so vermischen, dass so Brösel aus Mehl und Butter entstehen. Danach Puderzucker, Nüsse und Salz untermischen.

In diese trockene Masse eine Grube machen, die Eier reingeben und jetzt von Hand so lange verkneten, bis ein homogene nicht weicher Teig entsteht.

Aus dem fertigen Teig 5 – 6 Kugeln formen und für 45 bis 60 min in den Kühlschrank legen.

Immer nur eine Kugel aus dem Kühlschrank nehmen, Scheiben abschneiden, Rollen mit ca. 2 cm Durchmesser machen, davon ca. 2 cm große Stücke abschneiden und die Kipferl formen. Die Spitzen abrunden und nicht zu dünn machen, sonst verbrennen sie später.

Die Kipferl auf ein Backblech mit Papier geben. Wenn das Blech voll ist für ca. 15 min bei 180 °C Ober-/Unterhitze backen.

Bitte im Auge behalten, falls die gewünschte Farbe früher erreicht ist.

Erst nach dem Auskühlen, das ist wichtig für die Stabilität, vorsichtig in einer Puderzucker-Vanille-Mischung wälzen.

Torten, Kuchen und Törtchen

Bündner Nusstorte

Schweiz

Arbeitszeit
ca. 3 h

Menge
1 Springform
26 cm Durchmesser

Zutaten Mürbeteig
130 g kalte Butter, gewürfelt
2 g Salz (in sehr wenig Wasser aufgelöst)
130 g Puderzucker, gesiebt
Etwas Vanille-Butter-Aroma
Etwas Rum-Aroma
Etwas Zitronen-Aroma
(alle Aromen gleichzeitig verwenden)
65 g Ei
(Ei mixen und abwiegen)
325 g Schär Mix Kuchen & Kekse

Zutaten Füllung
300 g Zucker
40 g Wasser
350 g Walnüsse, grob gehackt
250 g Schlagsahne
70 g Honig, flüssig

Zum Abstreichen
1 Ei mit etwas Salz verquirlt

Für den Mürbeteig, Butter, Salzwasser, Zucker und Aromen so lange verkneten, bis eine geschmeidige Masse entstanden ist.

Nun die Eier unterlaufen lassen und danach das Mehl unterkneten, bis ein homogener Teig entstanden ist.

Bitte nicht zu lange kneten, da der Teig sonst brandig wird; er zerbröselt.

Den Teig für 30 min gut eingepackt in den Kühlschrank legen.

Die Springform dünn mit weicher Butter fetten.

Nach dem Durchkühlen 1/3 des Teiges mit etwas Reismehl in der Größe des Bodens der Form ausrollen und auf ein Backpapier legen. Dann zudecken und kalt stellen.

Ein weiteres Drittel des Mürbeteiges so ausrollen, dass die Menge den Boden der Form ausfüllt.

Das letzte Drittel des Mürbeteiges zu einer Rolle formen, die ca. 60 cm lang ist. Damit dann den Rand der Form auslegen und den Teig so andrücken, dass er 4 cm hoch und mit dem Boden gut verbunden ist. Die Form anschließend auch kalt stellen.

Für die Füllung Wasser und Zucker in einer beschichteten Pfanne ohne Rühren aufkochen lassen. Hitze dann etwas reduzieren und so lange unter gelegentlichem Hin- und Herbewegen köcheln lassen bis ein hellbrauner Karamell entstanden ist.

Nun die Sahne langsam dazu gießen und leicht köcheln lassen, bis der Caramel sich wieder aufgelöst hat. Dann den Honig und die Walnüsse dazu geben und alles so lange vermischen, bis sich alles homogen auf den Nüssen verteilt hat. Dann unter gelegentlichem Rühren die Masse ca. 10 min einköcheln lassen.

Die Masse etwas auskühlen lassen. Den Ofen auf 180 °C Umluft oder 190 °C Ober-/Unterhitze vorheizen.

Die Springform aus dem Kühlschrank nehmen und die Masse in die Form geben und gleichmäßig verteilen.

Den überstehenden Rand auf die Füllung klappen und mit Wasser dünn abstreichen. Nun die kalt gestellte Mürbeteigplatte aus dem Kühlschrank nehmen und mit der Gabel gleichmäßig verteilt Löcher in die Platte stechen. Diese dann auflegen und etwas andrücken am Rand.

Nun den Deckel dünn mit dem verquirlten Ei abstreichen.

Den Kuchen auf dem Backgitter in die untere Hälfte es Ofens geben und ca. 40 bis 50 min backen.

Nach Ende der Backzeit den Kuchen etwas auskühlen lassen und den Rand der Springform entfernen. Dann den Kuchen auf ein Kuchengitter abschieben und richtig auskühlen lassen.

Frankreich

Das französische savoir-vivre, also auch die Kunst, das Leben in all seinen Facetten genussvoll zu gestalten, erstreckt sich natürlich auch auf die Weihnachtszeit. Und ausgiebiges Schlemmen muss nicht immer lange vorbereitet sein: Wie wäre es mit einem köstlichen Schokoladen-Tassenkuchen, der im Handumdrehen fertig ist?

Carac

Schweizer Ganache-Törtchen mit Kirsch

Arbeitszeit
ca. 2:15 h

Menge
ca. 12 Portionen

Zutaten Mürbeteig
100 g kalte Butter, gewürfelt
1 g Salz (in sehr wenig Wasser aufgelöst)
100 g Puderzucker, gesiebt
Etwas Ampulle Vanille-Butter-Aroma
Etwas Ampulle Rum-Aroma
Etwas Ampulle Zitronen-Aroma
(alle Aromen gleichzeitig verwenden)
50 g Ei
250 g Schär Mix Kuchen & Kekse

Zum Blindbacken
1 Packung getrocknete Erbsen oder Ähnliches

Zutaten Füllung
(Schokoladen-Ganache)
110 g Schlagsahne, flüssig
275 g dunkle Kuvertüre, gehackt
50 g Butter, gewürfelt
10 g Kirsch-Schnaps

Weitere Zutaten auf der folgenden Seite

Herstellung Teig
Butter, Salzwasser, Zucker und Aromen so lange verkneten, bis eine geschmeidige Masse entstanden ist.

Nun die Eier unterlaufen lassen und danach das Mehl unterkneten, bis ein homogener Teig entstanden ist.

Bitte nicht zu lange kneten, da der Teig sonst brandig wird; er zerbröselt.

Den Teig für 30 min gut eingepackt in den Kühlschrank legen

Zubereitung
Ofen auf 180 ° C Umluft oder 190 °C Ober-/Unterhitze vorheizen.

Mürbeteig nach der Ruhephase auf etwas Reismehl ca. 2 mm dick ausrollen. 12 runde Plätzchen ausstechen, die rundum ca. 1 cm größer sind als die Muffin-Förmchen. Teig in die Förmchen legen, den überstehenden Rand abschneiden und mit der Gabel in den Boden ein paar Löcher stechen. Jetzt blindbacken, d. h. die Förmchen mit den getrockneten Erbsen füllen und ca. 10 Minuten im vorgeheizten Ofen backen. Dann die Förmchen auskühlen lassen und die getrockneten Erbsen wieder entfernen. Die Mürbeteigböden entnehmen und auf ein Kuchengitter stellen. Die Erbsen können jederzeit wieder benutzt werden, bis sie anfangen, braun oder schwarz zu werden.

Trocken, kühl und dunkel lagern.

Zutaten Füllung
(Schokoladen-Ganache)
110 g Schlagsahne, flüssig
275 g dunkle Kuvertüre, gehackt
50 g Butter, gewürfelt
10 g Kirsch-Schnaps

Zutaten Glasur
350 g Puderzucker, gesiebt
15 g Wasser
5 g Kirsch-Schnaps (wenn nicht gewünscht, die Menge Schnaps an Wasser mehr nehmen!)
Einige Tropfen grüne Lebensmittelfarbe
12 Schoko-Drops

Für die Füllung die Sahne in einen kleinen Topf geben und aufkochen lassen. Dann den Topf vom Herd nehmen und die gehackte Kuvertüre, Schnaps und Butter einrühren. Mit einem Rührlöffel rühren, denn sonst kommt Luft unter den Ganache, was nicht gewünscht ist.

Nun den Ganache auf alle Mürbeteigböden verteilen und kalt stellen, sodass der Ganache anziehen kann.

Wenn der Ganache fest ist, die Glasur anrühren. Dafür den Puderzucker mit Wasser, Schnaps und Lebensmittelfarbe gut verrühren. Die Glasur sollte zähfließend, aber nicht zu fest sein.

Sollte sie zu fest sein, mit etwas Wasser (tropfenweise!) entgegensteuern oder wenn sie zu weich ist, Puderzucker (löffelweise) zugeben.

Nun mit der Glasur bei allen Törtchen den Ganache bedecken und je 1 Schokoladen-Drop in die Mitte legen. Wieder in den Kühlschrank geben, damit die Glasur anziehen kann.

Gekühlt servieren und die Törtchen lassen sich 3 – 4 Tage im Kühlschrank aufheben.

Kanada

In weiten Teilen Kanadas ist die Aussicht verschneite Landschaften zur Weihnachtszeit recht wahrscheinlich. Und die Menschen lieben es, mit viel Licht ihre Straßen und Häuser feierlich zu beleuchten. In der kanadischen Küche begegnen sich die kulinarischen Traditionen vieler Länder. Und wer's süß mag, kommt hier voll auf seine Kosten. Wie wäre es, zur Weihnachtszeit eine Tarte au Sucre zu servieren? Und vielleicht einen Glühwein oder alkoholfreien Punsch dazu?

Gâteau du Vully

Schweiz

Arbeitszeit
ca. 2:40 h

Menge
1 runde Backform
mit flachem Rand,
26 cm Durchmesser

Zutaten Teig
230 g Schär Mix Brot
3 g Salz
30 g Rohrzucker
(alternativ normaler Zucker)
5 g Vanille-Zucker
10 g Frischhefe oder
(oder 5 g Trockenhefe)
20 g Eigelb
20 g weiche Butter
190 g lauwarme Milch
(ca. 30 °C)
Etwas Zitronen-Aroma flüssig oder geriebene Zitrone

Zum Bestreuen
100 g Crème double
(alternativ Crème fraîche)
20 g Eigelb
8 Stk. Würfelzucker
8 Stk. Butterflocken

Die Hefe in der lauwarmen Milch auflösen, dann das Eigelb unterrühren. Als Erstes die Hefe-Milch in den Knetkessel geben, dann die Butter und dann alle trockenen Zutaten. Zum Schluss ein paar Tropfen fl. Zitrone oder etwas geriebene Zitronenschale zugeben.

Dann den Teig so lange bei mittlerer Geschwindigkeit kneten, bis er glatt und geschmeidig ist. Der Teig ist sehr weich und muss jetzt im Kessel abgedeckt für 45 bis 60 min an einem warmen Ort ruhen.

Den Teig auf eine leicht bemehlte Arbeitsfläche geben und etwas kneten, sodass eine runde, glatte Kugel entsteht. Nicht zu zart, sonst geht die Luft nicht richtig heraus und nicht zu fest, sonst wird die Struktur zerstört.

Den Teig jetzt auf Backformgröße ausrollen. Die Backform mit Butter dünn fetten und den Teig auf das Backblech legen und schauen das er möglichst gleichmäßig ist.

Den Hefeteig 30 – 45 min garen lassen (gehen lassen) und den Ofen auf 190 °C Ober-/Unterhitze oder 180 °C Umluft vorheizen. Crème double oder Alternative mit dem Eigelb verrühren und die Oberfläche des Teiges mit der Hälfte der Mischung bestreichen.

Nun den Würfelzucker gleichmäßig verteilen und etwas eindrücken in den Teig und auf jedes Zuckerstück eine Butterflocke geben.

Nun wird der Kuchen für 15 min gebacken, dann herausnehmen und mit der restlichen Crème double Mischung bestreichen. Dann wieder in den Ofen geben und für weitere 15 bis 20 min zu Ende backen.

Den Kuchen dann direkt aus der Form nehmen und zum Auskühlen auf ein Kuchengitter geben. Am besten noch lauwarm servieren.

Schoko-Tassenkuchen

Frankreich

Arbeitszeit
ca. 15 min

Menge
1 Tasse ca. 200 ml

60 g dunkle Kuvertüre
20 g Milch
15 g Butter
10 g Zucker
50 g Ei
25 g Schär Mix
Kuchen & Kekse"
1 g Backpulver
Etwas Vanille-Extrakt

Zur Weihnachtszeit sehr lecker mit etwas Lebkuchengewürz oder Zimt.

Die Kuvertüre fein hacken und mit der Milch in eine Tasse geben. Für ungefähr 45 Sekunden bei 350 W in die Mikrowelle geben und danach mit einer Gabel gut vermischen.

Dann die Butter, den Zucker und den Vanille-Extrakt dazugeben und wieder mit der Gabel vermischen.

Das Ei dazugeben und gut vermischen.

Danach das Mehl und Backpulver hinzufügen und nochmals gut mit der Gabel vermischen, bis eine homogene Masse entsteht.

Dann während 45 – 50 Sekunden bei 750 W in die Mikrowelle geben für einen leicht flüssigen Kuchen oder 60 Sekunden, wenn der Kuchen fest sein soll.

OLIVERS TIPP

Die dunkle Kuvertüre kann gegen Vollmilch- und weiße Kuvertüre ausgetauscht werden. Bei weißer Kuvertüre aber den Zucker weglassen. Sonst wird es sehr süß.

Kanadische Tarte au Sucre

Kanada

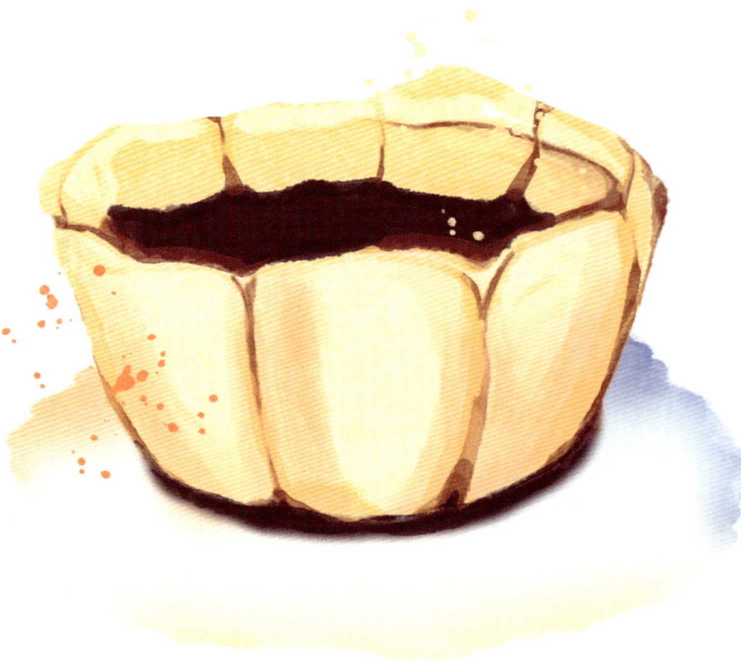

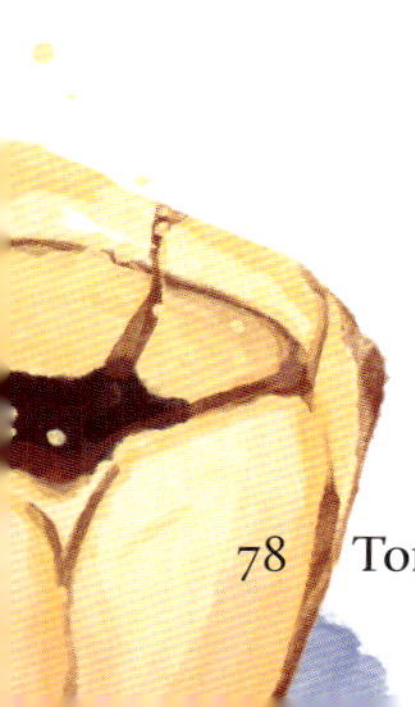

Arbeitszeit
ca. 1:45 h
und 1 bis 2 h auskühlen

Menge
12 Stück

50 g kalte Butter, gewürfelt
1 g Salz (in sehr wenig Wasser aufgelöst)
50 g Puderzucker, gesiebt
Etwas Vanille-Butter-Aroma
Etwas Rum-Aroma
Etwas Zitronen-Aroma
(alle Aromen gleichzeitig verwenden)
25 g Ei
(Ei durchmixen und abwiegen)
125 g Schär Mix Kuchen & Kekse

Zutaten Füllung
50 g Butter
105 g Rohrzucker (brauner Zucker)
65 g Ei
10 g Vanille-Paste/ Vanille-Essenz
40 g Schlagsahne
3 g Salz
50 g Rosinen (optional)

Teig
Butter, Salzwasser, Zucker und Aromen so lange verkneten, bis eine geschmeidige Masse entstanden ist. Nun die Eier unterlaufen lassen und danach das Mehl unterkneten, bis ein homogener Teig entstanden ist. Bitte nicht zu lange kneten, da der Teig sonst brandig wird; er zerbröselt.

Den Teig für 30 min gut eingepackt in den Kühlschrank legen.

Herstellung Tartes
Zuerst den Mürbeteig machen, wenn dieser kalt liegt, den Ofen auf 190 °C Umluft oder 200 °C Ober-/Unterhitze vorheizen. Ein Muffinblech (12er) oder 12 Muffinförmchen gut einfetten.

Dann den Mürbeteig nach dem Durchkühlen dünn (2 – 3 mm) ausrollen und mit einem runden Ausstecher (ca. 7 cm Durchmesser) 12 Kreise ausstechen. Restlicher Mürbeteig kann auch eingefroren werden, oder man macht Kekse daraus. Mit den Mürbeteigkreisen die Muffinförmchen auslegen und in jedes Förmchen anschließend ein paar Rosinen streuen (optional).

Für die Füllung die Butter mit Zucker, Vanille-Paste und Salz schaumig schlagen. Ei hinzufügen und weiter schaumig schlagen. Zum Schluss dann die Sahne einrühren.

Nun die Muffinförmchen zu ¾ mit der Füllung füllen und in den Ofen geben. Bitte darauf achten, dass es nicht die Förmchen zu voll werden, sonst laufen sie über beim Backen.

Backzeit beträgt 15 bis 20 min, je nach Ofen. Die Tartes sind fertig, wenn die Füllung fest und die Oberfläche goldbraun geworden ist. Die Tartes au Sucre bitte 1 – 2 Stunden auf einem Kuchengitter auskühlen lassen.

Makronen und Co

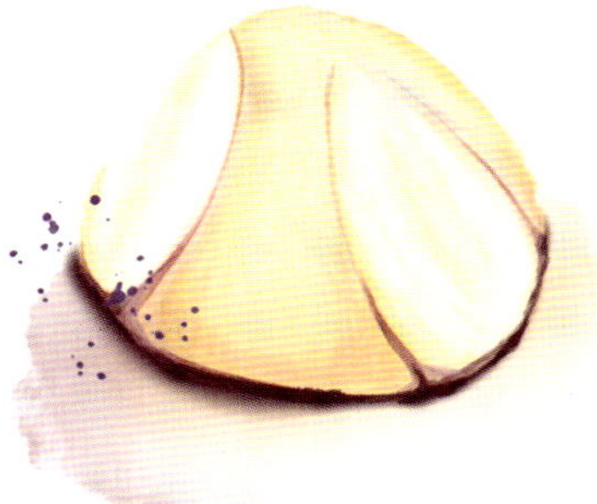

Bethmännchen

Deutschland

Arbeitszeit
ca. 3 bis 3:30 h

Menge
60 Stück

500 g Marzipanrohmasse
50 g Zucker
ca. 8 g Rosenwasser
90 Stück Mandeln geschält

Zutaten Dextrin Glasur
50 g Kartoffelstärke
180 g Wasser

Herstellung Dextrin Glasur auf Seite 156

Alle Zutaten von Hand anwirken. Dabei das Rosenwasser nach und nach dazu geben, damit die Marzipanmasse nicht zu weich wird. Die Marzipanmasse mit Frischhaltefolie abdecken.

Die geschälten Mandeln halbieren. Das geht am besten, indem man mit einem kleinen glatten Messer an der Linie an den Seiten der Mandeln ansetzt. Dann geht es fast wie von selbst auseinander. Die halben Mandeln dann in kaltes Wasser legen.

Ein Backblech mit Backpapier vorbereiten.

Nun aus der Marzipanmasse 60 Stücke mit ca. 9 g abwiegen und zu Kugeln rollen. Diese dann auf das Backpapier setzen und wenn alle Kugeln gerollt sind, 3 feuchte Mandelhälften an die Kugel drücken. Auf gleichen Abstand achten.

Nachdem alle Mandeln angebracht sind, die Körper dann mind. 2 h trockenen lassen. Bitte ab und an kontrollieren, die Marzipanmasse muss sich außen trocken anfühlen.

Den Ofen auf 200 °C Umluft oder 210 °C Ober-/Unterhitze vorheizen. Die Bethmännchen in den Ofen geben und abflämmen. Sie sollten gold-braun und nicht zu dunkel sein.

Währenddessen die Dextrin Glasur fertig machen, indem man das Wasser in einem Topf zum Kochen bringt und die gebräunte Kartoffelstärke einrührt.

Mindestens 5 min durchkochen lassen; die Lösung muss klar sein.

Die heiße Dextrin Glasur mit einem Pinsel auf die heißen Bethmännchen vorsichtig dünn auftragen. Dann das Gebäck auskühlen lassen.

Kokos-Makronen

Deutschland

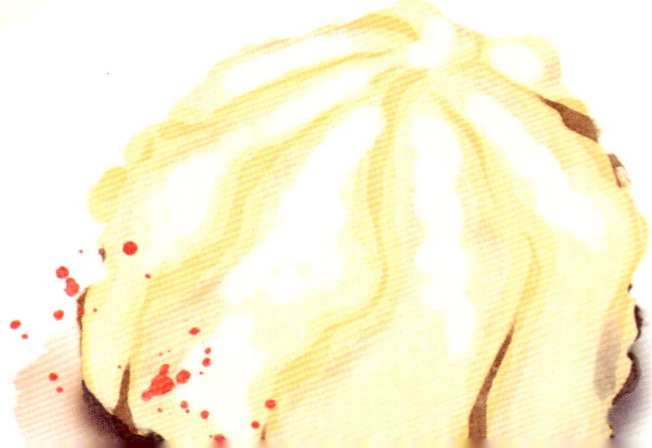

Arbeitszeit
ca. 2 h

Menge
ca. 60 bis 80 Stk.
je nach Größe auch mehr

200 g Eiweiß
375 g Zucker
325 g Kokos-Flocken
10 g Vanille-Zucker
1 Prise Salz

Den Ofen auf 180 °C Umluft (190 °C Ober-/Unterhitze) vorheizen. Die Kokos-Flocken auf ein Backblech gleichmäßig verteilen und so anrösten, dass sie anfangen an verschiedenen Stellen leicht zu bräunen. Das intensiviert den Geschmack.

Eiweiß mit dem Zucker und einer Prise Salz leicht schaumig schlagen (es sollte weiß sein, aber noch fließend).

Währenddessen die Kokos-Flocken und Vanille-Zucker in einen größeren Topf geben und das Thermometer bereitlegen.

Das angeschlagene Eiweiß zu den anderen Zutaten schütten und gut vermischen. Dann auf dem Herd bei mittlerer Hitze, unter **ständigem** Rühren so lange abrösten bis 75 °C bis 80 °C erreicht sind.

Während die Masse abkühlt, ein Backblech mit 3 Lagen Backpapier vorbereiten und den Ofen auf 220 °C Umluft (230 °C Ober-/Unterhitze) vorheizen.

Die Masse entweder aufspritzen oder mit einem Löffel dosieren und direkt im Ofen backen, bis die Kokos-Makronen anfangen, an den Spitzen **leicht** zu bräunen.

Eisenbahn-schienen

Österreich

Arbeitszeit
ca. 3 h

Menge
ca. 75 bis 80 Stück

Mürbeteig
500 g Schär Mix Kuchen & Kekse
200 g Butter, kalt, gewürfelt
2 g Salz (in sehr wenig Wasser aufgelöst)
200 g Puderzucker, gesiebt
½ Ampulle Vanille-Butter-Aroma
½ Ampulle Rumaroma
½ Ampulle Zitronenaroma (alle Aromen gleichzeitig verwenden)
2 Eier

Makronenmasse
500 g Marzipanrohmasse
300 g Puderzucker, gesiebt
120 g Eiweiß
Etwas Zitrone
Etwas Vanille
2 Prisen Salz

Weitere Zutaten auf der folgenden Seite

Teig
Butter, Salzwasser, Zucker und Aromen so lange verkneten, bis eine geschmeidige Masse entstanden ist.

Nun die Eier unterlaufen lassen und danach das Mehl unterkneten, bis ein homogener Teig entstanden ist.

Bitte nicht zu lange kneten, da der Teig sonst brandig wird; er zerbröselt.

Den Teig gut eingepackt für 2 h in den Kühlschrank legen.

Makronenmasse
Marzipan, Aromen und Puderzucker mit den Knethaken des Handrührgerätes verkneten. Das Eiweiß nach und nach hinzufügen. Die Marzipanmasse solange kneten, bis eine homogene Masse entstanden ist.

OLIVERS TIPP

Wenn notwendig, die Makronenmasse etwas weicher halten, damit man sie ordentlich auf die Mürbeteigstreifen dressieren kann. Dazu etwas mehr Eiweiß einsetzen.

Eisenbahnschienen
Zutaten
Mürbeteig
Makronenmasse
Rote Marmelade
(Art nach Wunsch)

zum Abstreichen
1 Eigelb und
20 g Sahne vermischt

Den Mürbeteig auf der bemehlten Arbeitsfläche zu einem Quadrat von ca. 40 x 40 cm ausrollen und auf ein gefettetes Backblech legen.

Im vorgeheizten Backofen bei 175 °C Umluft oder 185 °C Ober-/Unterhitze für ca. 10 Min. anbacken, danach sofort in ca. 5 cm breite Streifen schneiden und die einzelnen Streifen etwas voneinander lösen.

Nun die Makronenmasse portionsweise in einen Spritzbeutel mit Sterntülle füllen.

Bahnen oder Tuffs rechts und links auf die Mürbeteigränder der einzelnen 40 x 5 cm breiten Streifen spritzen. Die Makronenmasse vorsichtig mit dem Eigelb-Sahne-Gemisch abstreichen und anschließend in ca. 12 Min. fertig backen.

Rote Marmelade aufkochen und die Mitte der Streifen zwischen der Makronenmasse damit füllen.

Vollständig auskühlen und trocknen lassen. Jeden Streifen in ca. 10 Stücke schneiden

Österreich

In keinem Land der Welt käme man wohl auf die Idee, Eisenbahnschienen auf den weihnachtlichen Plätzchenteller zu legen. In Österreich sind sie eine Delikatesse und dank Mürbeteig, Makronenmasse und roter Marmelade in der Regel sogar ohne Schaden am Gebiss genießbar. Pünktlich zubereitet, sind sie einfach nur lecker: **Bitte einsteigen und die Türen schließen …**

Kokoskuppeln

Österreich

Arbeitszeit
ca. 3 h

Menge
ca. 4 Portionen

Zutaten Kokosmakronen
325 g Kokosraspel/-flocken
200 g Eiweiß
375 g Zucker
1 Prise Salz
10 g Vanille-Zucker

Zutaten Schokocreme
300 g Kuvertüre, dunkel
300 g Sahne
200 g Butter, weich

Weitere Zutaten auf der folgenden Seite

Den Ofen auf 180 °C Umluft (190 °C Ober-/Unterhitze) vorheizen. Die Kokosraspel gleichmäßig auf ein Backblech verteilen und im Ofen anrösten, sodass sie anfangen an verschiedenen Stellen leicht zu bräunen; das intensiviert den Geschmack.

Das Eiweiß mit dem Zucker und der Prise Salz leicht schaumig schlagen (es sollte weiß sein, aber noch fließend).

Währenddessen die Kokosraspel und den Vanille-Zucker in einen größeren Topf geben und ein Thermometer bereitlegen.

Das Eiweiß in den Topf schütten und alles gut vermischen. Nun auf dem Herd bei mittlerer Hitze unter ständigem Rühren so lange rösten, bis 75 °C bis 80 °C erreicht sind.

Während die Masse abkühlt, ein Backblech mit 3 Lagen Backpapier vorbereiten und den Ofen auf 220 °C Umluft (230 °C Ober-/Unterhitze) vorheizen. Die Lagen Backpapier verhindern, dass das Gebäck von unten zu dunkel wird.

Die Masse nun entweder mit Hilfe eines Spritzbeutels (Stern- oder Lochtülle) in der gewünschten Größe auf das Papier aufspritzen oder mit einem Löffel portionieren und sofort im Ofen backen, bis die Kokosmakronen anfangen leicht zu bräunen.

Schokocreme
Die Kuvertüre fein hacken und die Sahne aufkochen lassen. Die gehackte Kuvertüre unter die Sahne rühren und komplett auflösen lassen. Die Ganache auf 20 °C bis 25 °C abkühlen lassen und anschließend mit Hilfe der Küchenmaschine (Schneebesen) aufschlagen. Nach und nach die Butter dazugeben.

Zutaten dunkle Überziehkuvertüre
400 g Kuvertüre, dunkel
40 – 60 g Erdnussfett, hart (!)

zum Abstreichen
1 Eigelb und
20 g Sahne vermischt

Zusammensetzung der Kokoskuppeln
Glutenfreie Waffelblätter
Kokosmakronen, ausgekühlt
Schokocreme
Überziehkuvertüre, dunkel

Die dunkle Kuvertüre (nicht über 40 °C) erwärmen und vollständig schmelzen lassen. Das Erdnussfett in kleine Stücke schneiden, in die Kuvertüre geben und unter langsamem Rühren auflösen lassen. Darauf achten, dass das Erdnussfett komplett mit der Kuvertüre vermischt ist.

Vor der Verwendung dann auf ca. 30 °C erwärmen; sie sollte dabei recht flüssig sein, aber nicht dünnflüssig.

Hinweis:
Es ist wichtig, ein hartes Fett zu nehmen und nach dem Vermischen zu testen, wie fest die Glasur wird. Der Fettanteil der Glasur kann zwischen 10 bis 20% betragen. Wichtig ist, dass sie glänzt und bricht, sie soll nicht biegsam sein.

Zusammensetzung der Kokoskuppeln
Die Waffelblätter auf die gleiche Größe wie die Kokosmakronen ausstechen.

Die Schokocreme ca. 1 cm dick auf die ausgestochenen Waffelblätter dressieren.

Die kalten Kokosmakronen aufsetzen und etwas andrücken.

Die untere Hälfte bis zur Makrone in die Überziehkuvertüre tunken, etwas abtropfen lassen, auf ein Backpapier setzen und anziehen lassen.

OLIVERS TIPP
Wer Schwierigkeiten hat, glutenfreie Waffelböden zu bekommen, kann sie durch Zimtwaffeln (s. Rezept, den Zimt weglassen) ersetzen.

Spanien

Für viele Spanier gehören die Pestiños, ein traditionelles andalusisches Schmalzgebäck, untrennbar zur Adventszeit dazu. Mit Wein, Anis, Orangen, Zitronen, Honig und Zimt erhalten sie ein unverwechselbares Aroma und verströmen einen köstlichen Duft, der sich aus den Konditoreien und heimischen Backstuben auf die Straßen der Dörfer und Städte verbreitet.

Mandelmakronen

Deutschland

Arbeitszeit
ca. 1 h

Menge
ca. 4 Portionen

250 g Marzipan
225 g Zucker
90 g Eiweiß
Etwas Zitronenabrieb
Etwas Bittermandel-Aroma

Den Ofen auf 160 °C Umluft (170 °C Ober-/Unterhitze) vorheizen.

Alle Zutaten zu einer glatten Masse vermischen, ggf. durch ein Sieb passieren.

Die Masse sollte mittelfest sein. Sie wird mit einer Lochtülle auf einem Blech mit 3 Lagen Backpapier aufdressiert. Dabei sollte sie stabil bleiben und nicht weglaufen. Die Backpapierschichten sorgen dafür, dass die Makronen beim Backen von unten hell bleiben.

Im vorgeheizten Ofen für ca. 10 bis 15 min backen. Dabei bitte einen Holzlöffel in die Ofentür stecken, damit die Feuchtigkeit abziehen kann. Sollte ein Ofen vorhanden sein, der den Heizvorgang unterbricht, sobald die Tür geöffnet wird, einfach die Ofentür öfters während der Backzeit kurz öffnen.

Haselnuss-Makronen

Deutschland

Arbeitszeit
ca. 2 h

Menge
ca. 4 Portionen

375 g Haselnüsse, roh, gemahlen
125 g Haselnüsse gehackt
400 g Eiweiß
400 g Zucker
2 g Zimt
10 g Vanille-Zucker
2 g Kakao
100 g Nuss-Nougat

Die gehackten Nüsse auf ein Backblech mit Backpapier geben und im Ofen bei 180 °C rösten lassen, bis sie hellbraun sind.

Bitte aufpassen, denn das kann schnell gehen zum Schluss!

Dann alle Zutaten in einen Topf geben und bei mittlerer Hitze, unter **ständigem** Rühren so lange anrösten bis 75 °C bis 80 °C erreicht sind.

Die Masse etwas abkühlen lassen, aber noch warm auf Backpapier spritzen oder mit einem Löffel dosieren. Währenddessen den Ofen auf 210 °C Umluft (220 °C Ober-/Unterhitze) vorheizen.

Die Nuss-Makronen werden so lange gebacken, bis man eine leichte Bräunung feststellt und die Makronen sich stabil anfühlen. Aber nicht zu lange, sonst werden sie trocken.

Nach dem Backen **unbedingt auskühlen** lassen, bevor sie vom Papier genommen werden, sonst gehen sie kaputt!

Zimtsterne

Deutschland

Arbeitszeit
ca. 2 h

Menge
ca. 4 Portionen

Zutaten Teig
250 g Marzipanrohmasse
250 g Puderzucker
65 g Mandeln, gemahlen
65 g Nüsse, gemahlen
30 g Zimt
ca. 60 g Eiklar

Zutaten Eischnee
60 g Eiklar
60 g Zucker
1 Prise Salz
Etwas Zitronensaft
30 g Puderzucker, gesiebt

Die Teigzutaten miteinander verkneten, dabei das Eiklar nur nach und nach zufügen, denn es muss ein fester Teig entstehen; es wird also u. U. nicht die vollständige Menge benötigt.

Das Eiklar für den Eischnee in einer fettfreien Schüssel zusammen mit Zucker und Salz aufschlagen, sodass es steif, aber nicht schnittfest wird. Dabei, sobald das Eiklar anfängt weiß zu werden, einen kleinen Spritzer Zitronensaft zugeben, so wird der Eischnee stabilisiert. Am Schluss den gesiebten Puderzucker unterheben.

Den Teig auf der mit gemahlenen Mandeln bestreuten Arbeitsfläche portionsweise auf 5 bis 6 mm Dicke ausrollen. Nun Eischnee gleichmäßig und nicht zu dick auf dem ausgerollten Teig verstreichen, die Sterne ausstechen oder, wenn es schnell gehen soll, ausschneiden.

Teigreste vom Ausstechen zur Seite legen. Die nächste Teigportion wie oben beschrieben behandeln. Am Ende alle Teigreste mit gemahlenen Mandeln zusammenkneten, erneut ausrollen und wie oben beschrieben fortfahren, bis der gesamte Teig aufgebraucht ist.

Dadurch, dass der Eischnee schon vor dem Ausstechen aufgestrichen wird, erreicht man eine schöne Gleichmäßigkeit dieser Schicht.

Den Ofen auf 170 °C Umluft (180 °C Ober-/Unterhitze) vorheizen.

Die Sterne auf ein Backblech mit 3 Lagen Backpapier setzen. Die Zimtsterne so lange backen, bis die Oberfläche des Eiweißes stabil ist und der Stern von unten gebacken aussieht. Innen soll er allerdings noch nicht vollständig durchgebacken sein. Die Zeit ist somit abhängig vom verwendeten Ofen.

Spanisches Marzipangebäck

Spanien

Arbeitszeit
ca. 1 h

Menge
ca. 12 Stk.

150 g Mandeln, roh, geschält, gemahlen
150 g Puderzucker
1 Ei

Als ersten das Ei trennen.

Puderzucker mit den gemahlenen Mandeln in einer Schüssel mischen.

Nun das Eiweiß nach und nach zu der Mandel-Puderzucker-Mischung geben und das ganze verkneten. Solange Eiweiß hinzufügen, bis ein Teig entstanden ist, der sich wie Knete anfühlt und nicht bricht.

Nun kann der Teig verarbeitet werden.

Entweder man rollt ihn auf 1 – 1,5 cm aus und sticht gewünschte Formen aus, oder man formt aus dem Teig nach Wunsch kleine Stücke.

Man kann z. B. den Teig auch dünner ausrollen und ca. 1 cm breite und 10 cm lange Streifen schneiden und diese dann von beiden Seiten aufrollen, bis man sich in der Mitte trifft. Dann aufsetzen, sodass die Windungen oben sind.

Wenn die Gebäckstückchen geformt sind, diese auf ein Backblech mit Backpapier setzen.

Die Oberfläche dann gleichmäßig und dünn mit dem Eigelb abstreichen.

Ofen auf 200 °C Umluft oder 210 °C Ober-/Unterhitze vorheizen und das Blech in den Ofen schieben.

Es gibt keine feste Backzeit, da sie je nach Ofen anders ist und man muss dabei stehen bleiben. Sobald die Gebäckstückchen gold-braun sind, sind sie fertig gebacken.

Das Blech dann aus dem Ofen nehmen und unsere Süßigkeiten auf ein Kuchengitter zum Abkühlen absetzen.

Hefegebäcke

Früchtebrot

Deutschland

Arbeitszeit
1 Nacht trocknen
und ca. 2:30 h

Menge
5 Brote

Zutaten Teil 1
600 g Milch oder Pflaumensaft oder Einweichwasser (30 °C)
60 g Butter, weich
10 g Rohrohrzucker oder Muscovado
10 g Salz
480 g Schär Mix Brot
120 g Schär Mix It dunkel / rustico
2 Pck. Trockenhefe oder 1 Würfel Frischhefe
10 g Vanillezucker
Etwas Zitronenschale, gerieben
5 g Kardamom, gemahlen
1 g Muskat, gemahlen
7 g Fenchel, gemahlen
3 g Anis, gemahlen
2 g Nelke, gemahlen

Weitere Zutaten auf der folgenden Seite

Am Vortag
Birnen, Äpfel, Zwetschgen und Feigen über Nacht in Wasser einweichen.

200 g Mandeln (für die Dekoration) in heißem Wasser kochen, nach dem Abgießen schälen und halbieren. Über Nacht trocknen lassen.

Eine Brotstreiche aus 250 g Wasser, 125 g Schär Mix Brot und 3 g Salz herstellen. Alles zusammen mit dem Schneebesen glatt verrühren und abgedeckt im Kühlschrank über Nacht aufbewahren. Vor Gebrauch aus dem Kühlschrank nehmen, auf Raumtemperatur kommen lassen und vor Verwendung gut durchrühren.

Herstellung am Folgetag
Die eingeweichten Früchte abtropfen lassen und dabei das Einweichwasser auffangen, wenn es anstelle von Milch/Pflaumensaft genutzt werden soll.

Diese Früchte sowie die Aprikosen und Datteln in grobe Stücke schneiden. Die Rosinen heiß waschen und abtropfen lassen.

Alle Früchte, Rosinen, Nüsse, Mandeln, Zitronat und Orangeat mit dem Rum (Apfelsaft) sowie den Gewürzen vermischen und abgedeckt 30 min ruhen lassen.

Währenddessen den Teig herstellen.

Zunächst Milch, Pflaumensaft oder Einweichwasser, Butter, Zucker und Salz in die Rührschüssel geben, dann die trockenen Zutaten und zuletzt die Hefe hineingeben. Frischhefe einfach zerbröseln, sie muss nicht aufgelöst werden.

Früchte / Nüsse
125 g Birnen, getrocknet
125 g Äpfel, getrocknet
125 g Zwetschgen, getrocknet
125 g Feigen, getrocknet
125 g Aprikosen, getrocknet
125 g Datteln, getrocknet
200 g Sultaninen/Rosinen
125 g Walnüsse, ganz
125 g Haselnüsse, ganz
125 g Mandeln, ungeschält
125 g Orangeat, gehackt
125 g Zitronat, gehackt
8 EL Rum
(alternativ Apfelsaft)
ggf. kandierte Kirschen
200 g Mandeln, ungeschält,
für Dekoration

Mit der Maschine ca. 20 Sek. bei niedrigster Geschwindigkeit mischen und dann bei mittlerer Stufe 5 min kneten lassen. Darauf achten, dass der Rand der Schüssel am Anfang mit einem Teigschaber zusammengekratzt wird, damit wirklich alle Zutaten in den Teig kommen und keine trockenen Reste haften bleiben.

Nach dem Knetvorgang die Schüssel mit einem feuchten Tuch abdecken und 45 min an einem warmen Ort (ca. 24 bis 28 °C) stehen lassen.

Nach der Teigruhe den Teig nochmals kurz in der Maschine kneten und dabei die Frucht-Nuss-Mischung auf langsamer Stufe unter den Teig laufen lassen. Die Arbeitsfläche mit etwas Schär Mix Brot oder Reismehl bestäuben. Aus dem Teig 5 Stücke à 600 g abwiegen, rund wirken und Brotlaibe mit möglichst glatter Oberfläche formen.

Die Brotlaibe auf ein Backblech mit Backpapier setzen. Die Brotstreiche durchrühren und die Brote mit einem Pinsel so abstreichen, dass eine glatte Oberfläche entsteht. Anschließend die Oberfläche der Brote mit den geschälten, halbierten Mandeln verzieren. Wer mag, kann auch kandierte Kirschen verwenden.

Die Brote für 15 bis 20 min garen lassen. Den Ofen währenddessen auf 200 °C Umluft bzw. 210 °C Ober-/Unterhitze vorheizen, dabei ein leeres Metallgefäß auf dem Ofenboden mit aufheizen.

Nach der Gare die Brote mittig in den Ofen geben, ca. 200 ml Wasser in das Gefäß am Boden schütten, den Ofen sofort schließen und für ca. 45 bis 50 min backen. Unmittelbar nach dem Backen die Brote auf einem Gitter auskühlen lassen. Nach dem Auskühlen in Plastik verpackt kühl und trocken lagern.

USA

Seit der Jahrtausendwende etabliert sich in den USA ein neuer Feiertag. Mit dem National Brownie Day wird eines der traditionellsten amerikanischen Gebäcke gewürdigt. Wer von Euch möchte sich amerikanisch in die Weihnachtszeit einstimmen? Dann haltet am 8. Dezember alle Zutaten bereit: Mit Olivers leckeren Lebkuchen-Brownies seid Ihr dabei.

Mandelstollen oder Mandel-Marzipanstollen

Spanien

Mandelstollen

Arbeitszeit
ca. 2:20 h

Menge
1 Stollen à 750 g

60 g Zucker
10 g Vanillezucker
1 Ei
125 g Milch, lauwarm
40 g Backmargarine, weich
2 g Salz
275 g Schär Mix Brot
5 g Trockenhefe
oder 12 g Frischhefe
100 g Mandeln, gehackt
oder gestiftet

Zum Bestreichen
ca. 100 g Butter
ggf. Kristallzucker
Puderzucker

Die Zutaten in der angegebenen Reihenfolge in die Rührschüssel einwiegen. Mit dem Knethaken auf langsamster Stufe ca. 30 bis 45 Sek. vermischen. Danach auf mittlere Geschwindigkeit schalten und den Teig 5 min durchkneten.

Kurz vor Ende der Knetzeit die Mandeln zugeben und so lange vermengen, bis sie gleichmäßig verteilt sind.

Den Teig auf die Arbeitsplatte geben, zu einer Kugel formen und lang rollen.

Eine Stollenform (ggf. mit Deckel) dünn einfetten und die Teigrolle hineinlegen. Den Teig gut andrücken, den Deckel auflegen und für 60 min garen lassen.

In der Zwischenzeit den Ofen passend auf 170 °C Umluft bzw. 180 °C Ober-/Unterhitze vorheizen.

Nach der Gare die Form in den Ofen geben und 60 min backen. Wird eine kräftigere Kruste gewünscht, die Backzeit um 5 min verlängern.

Gegen Ende des Backens die Butter entweder in der Mikrowelle oder in einem Topf auf dem Herd verflüssigen und erwärmen.

Den Stollen auf etwas Backpapier stürzen.

Den noch warmen Stollen mit Hilfe eines Pinsels mit der flüssigen Butter zweimal abstreichen und, wenn gewünscht, gut in Kristallzucker wälzen.

Den Stollen erkalten lassen und dick mit Puderzucker abstauben. Fertig!

Mandel-Marzipanstollen
Zusätzlich zu den Zutaten der Vorseite
200 g Marzipan-Rohmasse

Mandel-Marzipanstollen
Den Teig wie oben beschrieben herstellen. Zu einer Kugel formen, lang rollen und flach drücken.

Die Marzipanmasse zu einer Stange rollen, die etwas kürzer ist als der flach gedrückte Stollenteig. Die Stange auf den Teig legen und einschlagen. Dabei darauf achten, dass keine Luft eingeschlossen wird.

Wie oben beschrieben fertigstellen. Dabei allerdings unbedingt die Backzeit, je nach Ofen, auf 50 bis 60 min reduzieren. Der Marzipankern transportiert die Hitze anders als der reine Teig.

OLIVERS TIPP

Ist ein Stollen von 1 kg gewünscht, die Zutaten mit 1,4 multiplizieren.

Die Backmargarine kann durch Butter ersetzt werden, sie sorgt aber für eine bessere Stabilität.

Niederlande

In den Niederlanden gibt es zum Fest des Sinterklaas (Nikolausabend, 5. Dezember) den schönen Brauch, leckere Buchstaben aus Schokolade zu verschenken. Hierzu werden gerne die Anfangsbuchstaben der Vornamen der lieben Menschen gewählt, denen man eine Freude machen möchte. Oftmals wird auch der aus Blätterteig und Marzipan bestehende traditionelle Banketstaaf geformt. Dies ist auch ein großer Spaß für das Backen mit Kindern: Sie formen aus der Teigstange ganz leicht den Buchstaben „S“ für Sinterklaas oder einen Bischofsstaab – oder was ihnen ihre Fantasie eingibt.

Stollenkonfekt

Deutschland

Arbeitszeit
2:20 h

Menge
ca. 4 Portionen

Zutaten Stollenfrüchte
90 g Rosinen
90 g Mandeln, gehackt
25 g Orangeat
25 g Zitronat
25 g Rum

Zutaten Teig
60 g Zucker
10 g Vanillezucker
1 Ei
125 g Milch, lauwarm
40 g Backmargarine, weich
2 g Salz
275 g Schär Mix Brot
5 g Trockenhefe oder 12 g Frischhefe

Zum Bestreichen
ca. 100 g Butter
Kristallzucker
Puderzucker

Stollenfrüchte
Die Rosinen waschen, kurz ausdrücken und mit den Mandeln, dem Orangeat und dem Zitronat in eine Schüssel geben. Den Rum hinzugeben und alles gut vermischen. Ziehen lassen, bis der Teig fast fertig ist.

Wer kein Orangeat oder Zitronat mag, kann beides durch Rosinen und Mandeln ersetzen. Zur Not geht auch eine Fertigmischung.

Hinweise
Die Rosinen bitte auf jeden Fall waschen, auch wenn sie laut Packung bereits gewaschen sind. Wir benötigen die Feuchtigkeit.

Der Rum kann nicht durch Rum-Aroma ersetzt werden. Der meiste Alkohol verfliegt beim Backen.

Herstellung
Die Zutaten in der angegebenen Reihenfolge in die Rührschüssel einwiegen. Mit dem Knethaken auf langsamster Stufe ca. 30 bis 45 Sek. vermischen. Danach auf mittlere Geschwindigkeit schalten und den Teig 5 min durchkneten.

Kurz vor Ende der Knetzeit die Stollenfrüchte zugeben und alles so lange vermengen, bis die Früchte gleichmäßig verteilt sind.

Den Teig auf die Arbeitsplatte geben, zu einer Kugel formen und lang rollen. Die Rolle in vier Teile schneiden und jedes Stück zu einer dünnen Stange von ca. 3 cm Durchmesser rollen.

Diese Stangen wiederum in 3 cm breite Stücke schneiden und auf ein Backblech mit Backpapier setzen. Für 45 bis 60 min garen.

In der Zwischenzeit den Ofen auf 190 °C Umluft bzw. 200 °C Ober-/Unterhitze vorheizen.

Nach der Gare das Blech in den Ofen geben und 15 min backen. Währenddessen die Butter entweder in der Mikrowelle oder in einem Topf auf dem Herd verflüssigen und erwärmen.

Nach dem Backen das noch warme Konfekt mit Hilfe eines Pinsels mit der Butter abstreichen und gut in Kristallzucker wälzen.

Das Konfekt erkalten lassen und dick mit Puderzucker abstauben. Fertig!

OLIVERS TIPP

Die Backmargarine kann durch Butter ersetzt werden, sie sorgt für eine bessere Stabilität.

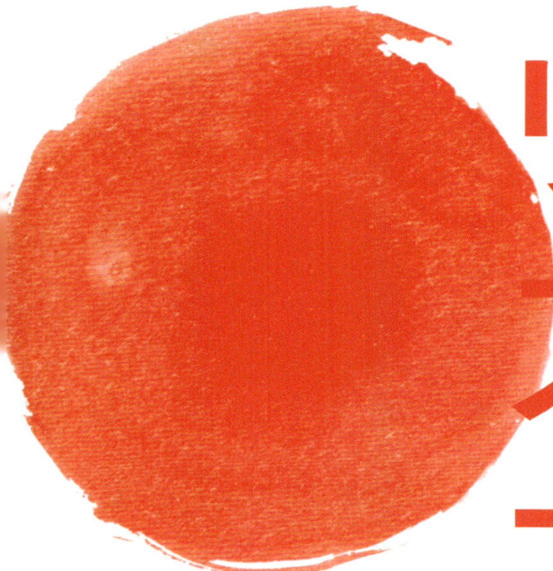

Japan

クリスマス

Nur rund 1% der japanischen Bevölkerung bekennt sich zum Christentum, dennoch ist das Weihnachts-Feeling vielerorts gegenwärtig, mit Weihnachtsdekoration wie in Europa oder den USA. Dabei wird im Land des Shintoismus und Buddhismus das Fest eher mit einer Art Valentinstag assoziiert. **クリスマス** (kurisumasu: Weihnachten) ist die Zeit für Paare und Freunde. Das beliebte traditionelle Kultgebäck Melopan darf hierbei natürlich nicht fehlen.

Japanische Melonpan

Japan

Arbeitszeit
ca. 2:30 h

Menge
ergibt 5 Melonpan

Zutaten Mürbeteig
125 g kalte Butter, gewürfelt
1 g Salz (im Wasser aufgelöst)
125 g Puderzucker, gesiebt
10 g Wasser
Etwas Vanille-Butter-Aroma
Etwas Rum-Aroma
Etwas Zitronen-Aroma
(alle Aromen gleichzeitig verwenden)
50 g Ei
310 g Schär Mix Kuchen & Kekse

Zutaten Hefeteig
500 g Schär Mix Brot
5 g Salz
70 g Rohrzucker (alternativ normaler Zucker)
10 g Vanillezucker
21 g Frischhefe
oder 1 Packung Trockenhefe
1 Eigelb
40 g weiche Butter
450 g lauwarme Milch (ca. 32 °C)
Etwas flüssiges Zitronenaroma
oder geriebene Zitrone

Herstellung Mürbeteig
Butter, Salzwasser, Zucker und Aromen so lange verkneten, bis eine geschmeidige Masse entstanden ist.

Nun die Eier unterlaufen lassen und danach das Mehl unterkneten, bis ein homogener Teig entstanden ist.

Bitte nicht zu lange kneten, da der Teig sonst brandig wird; er zerbröselt.

Den Teig für 60 min gut eingepackt in den Kühlschrank legen.

Herstellung Hefeteig
Die Hefe in der lauwarmen Milch auflösen, dann das Eigelb unterrühren.

Als Erstes die Hefe-Ei-Milch in die Rührschüssel geben, dann die Butter und danach alle trockenen Zutaten. Zum Schluss die Zitrone dazugeben.

Nun den Teig so lange bei mittlerer Geschwindigkeit kneten, bis er glatt und geschmeidig ist. Dabei bitte ggf. den Schüsselrand mit Hilfe eines Teigschabers abkratzen, damit wirklich alle Zutaten in den Teig kommen.

Der Teig ist sehr weich und muss jetzt in der Schüssel abgedeckt für 45 bis 60 min an einem warmen Ort ruhen.

Anschließend den Teig in 5 Stücke teilen und zu Kugeln formen. Diese dann auf einem Blech oder Tablett mit Mehl abgedeckt für 30 min ruhen lassen.

Zur Deko
Mindestens 500 g weißer Kristallzucker in einer großen Schale

Herstellung Gebäck
Den Mürbeteig in 5 gleich große Teile schneiden (bitte abwiegen), Kugeln formen und diese so ausrollen, dass Handteller große Kreise entstehen.

Ofen auf 170 °C Umluft oder 180 °C Ober-/Unterhitze vorheizen.

Jetzt je eine der Hefeteigkugeln auf die Mürbeteigkreise legen. Dann den Hefeteig mit dem Mürbeteig einwickeln und mit dem Abschluss nach unten auf ein Backblech mit Backpapier legen. Die schöne Oberseite in Kristallzucker wälzen und wieder aufs Backblech zurücksetzen. Wenn alle Melonpan gezuckert sind, die Oberfläche 3-mal einschneiden und dann das Gleiche im 45°-Winkel wiederholen.

Nun für 20 – 30 min backen (je nach Ofen). Die Melonpan sind fertig, wenn sie hell gold-braun sind und von unten gold-braun gebacken.

Schweden

In Schweden ist der Heilige Abend am 24. Dezember Höhepunkt des Weihnachtsfestes. Doch auch schon der Tag davor, der Lilla julafton (der kleine Weihnachtsabend), ist ein Highlight für die Familie: Hier wird zusammengesessen, erzählt, dekoriert und gebacken. Der Duft von süßen Lussekatter oder gefüllten Saffransbullar weckt die Vorfreude auf den kommenden Feiertag.

Lussekatter

Schweden

Arbeitszeit
ca. 2:30 h

Menge
ca. 24 Stück

550 g Schär Mix Brot
7 g Salz
90 g Puderzucker, gesiebt
1 g Safran (2 Tütchen)
2 Packungen Trockenhefe
oder 42 g Frischhefe
1 Eigelb
100 g Butter, weich
350 g Milch
70 g heller Zuckerrübensirup
(alternativ heller Reissirup)
Flüssiges Zitronenaroma
(oder geriebene Zitrone)
Etwas Vanillearoma

Zum Bestreichen
20 g Eigelb mit etwas Milch
und ein paar Safranfäden
vermischen.

Zur Deko
ca. 80 g Rosinen

Als Erstes die Mischung zum Bestreichen ansetzen, sodass der Safran noch durchziehen kann.

Die Safranfäden entweder mörsern oder auf andere Weise sehr fein zerkleinern und mit der Milch in einen kleinen Kochtopf geben. Die Milch erhitzen (nicht aufkochen) und dann auskühlen lassen auf 32 °C (lauwarm).

Mit der Milchmischung und den restlichen Zutaten einen Hefeteig herstellen. Den Teig dann abgedeckt 60 min stehen lassen. Anschließend den Teig zusammenschlagen und erst zu einer Kugel, dann zu einer Rolle formen.

Jetzt 50 g schwere Teigstücke abwiegen und zu einer Kugel formen. Die Kugeln dann zu einem Strang rollen und von beiden Enden her aufrollen. So entsteht ein umgekehrtes „S".

Die Lussekatter auf ein 2 Backblech mit Backpapier verteilen und abgedeckt 30 min garen lassen.

Ofen auf 180 °C Umluft oder 190 °C vorheizen.

Anschließend die Mischung zum Abstreichen nochmal durchrühren und die Lussekatter damit gleichmäßig bestreichen und in jede Rundung eine Rosine setzen.

Nun die Lussekatter für ca. 15 – 20 min backen, bis sie gold-braun sind.

Saffransbullar

Schweden

Arbeitszeit
ca. 2 h

Menge
ca. 4 Portionen

Zutaten Teig
500 g Schär Mix Brot
5 g Salz
70 g Rohrzucker (alternativ normaler Zucker)
10 g Vanille-Zucker
21 g Frischhefe oder 1 Packung Trockenhefe
1 Eigelb
40 g weiche Butter
450 g lauwarme Milch (ca. 32 °C)
1 g Safran

Zutaten Füllung
100 g Butter, weich
100 g Zucker
5 g Vanille-Zucker
10 g Schär Mix Kuchen & Kekse
1 Prise Salz
2 Tropfen Bittermandel-Aroma

Weitere Zutaten auf der folgenden Seite

Den Safran in die Milch geben und erhitzen (nicht kochen). Anschließen auf 32 °C abkühlen lassen.

Die Hefe in der lauwarmen Milch auflösen, dann das Eigelb unterrühren.

Als Erstes die Hefe-Ei-Milch in die Rührschüssel geben, dann die Butter und danach alle trockenen Zutaten.

Nun den Teig so lange bei mittlerer Geschwindigkeit kneten, bis er glatt und geschmeidig ist. Dabei bitte ggf. den Schüsselrand mit Hilfe eines Teigschabers abkratzen, damit wirklich alle Zutaten in den Teig kommen.

Der Teig ist sehr weich und muss jetzt in der Schüssel abgedeckt für 45 bis 60 min an einem warmen Ort ruhen.

Bitte auf keinen Fall weiteres Mehl unterkneten, weil einem der Teig zu weich vorkommt. Bitte auch nicht die Schüssel in den ausgeschalteten Ofen setzen (!), diese Methode ist i.d.R. zu warm für die Hefe, sie nimmt Schaden.

Währenddessen die Füllung vorbereiten. Dazu die Zutaten in der Küchenmaschine mit Schneebesengeometrie etwas aufschlagen und 30 min abgedeckt ruhen lassen.

Nach der Teigruhe den Teig zusammenschlagen und zu einer Kugel formen. Dann eine Rolle daraus machen und diese flach drücken. Den Teig jetzt auf einer bemehlten Arbeitsplatte ca. 5 mm dick rechteckig ausrollen.

Auf die untere Hälfte des Rechteckes die Füllung verteilen und anschließend die obere, nicht bestrichene Hälfte nach unten auf die Füllung klappen. Den Rand etwas frei lassen und nach dem Umklappen den Rand andrücken.

Zum Bestreichen
20 g Eigelb mit etwas Milch, 1 Prise Salz und einem Safranfaden vermischen und ziehen lassen.

Zum Abstreichen nach dem Backen
200 g Zucker
100 g Wasser

Aus jedem Strang einen Knoten formen und auf ein Backblech mit Backpapier legen.

Nun die Saffransbullar abdecken und 30 min garen lassen.

Den Ofen auf 210 °C Umluft oder 220 °C Ober-/Unterhitze vorheizen.

Nach der Gare die Saffransbullar mit der Eigelb-Milch-Safran-Mischung abstreichen. Die Mischung vorher umrühren.

Den Ofen auf 190 °C Umluft oder 200 °C Ober-/Unterhitze runterstellen und die Saffransbullar in den Ofen schieben.

Backzeit beträgt ca. 10 bis 20 min, sie sollten gold-braun sein. Backzeit kann je nach Ofen variieren.

Während die Gebäcke im Ofen sind, die Zuckerlösung vorbereiten. Dazu einfach den Zucker und das Wasser in einen kleinen Topf geben und zum Kochen bringen. 5 min leicht kochen lassen.

Dann heiß auf die heißen Gebäcke dünn mit einem Pinsel auftragen.

Tschechien

Tschechische Kolač sind allseits beliebte und traditionsreiche Hefe-Gebäcke. Mit köstlichen Füllungen lassen sie sich auch besonders weihnachtlich gestalten. Und wenn beim Backen nicht zu sehr genascht wird, bleiben genügend für alle Gäste übrig!

Kolač

— Tschechien —

Arbeitszeit
ca. 2 h

Menge
ca. 13 Stück und 1 kleineres

500 g Schär Mix Brot
5 g Salz
70 g Rohrzucker
(alternativ normaler Zucker)
10 g Vanillezucker
21 g Frischhefe oder
1 Packung Trockenhefe
1 Eigelb
40 g weiche Butter
450 g lauwarme Milch
(ca. 32 °C)
Etwas flüssiges Zitronen-
aroma oder geriebene
Zitrone

Füllung Variante 1
Mohnfüllung
250 g gemahlener Mohn
100 g Milch
2 Eier
25 g Rum
oder 1x Rum-Aroma
100 g Zucker
10 g Vanillezucker
50 g Maisstärke

Herstellung Teig
Die Hefe in der lauwarmen Milch auflösen, dann das Eigelb unterrühren.

Als Erstes die Hefe-Ei-Milch in die Rührschüssel geben, dann die Butter und danach alle trockenen Zutaten. Zum Schluss die Zitrone dazugeben.

Nun den Teig so lange bei mittlerer Geschwindigkeit kneten, bis er glatt und geschmeidig ist. Dabei bitte ggf. den Schüsselrand mit Hilfe eines Teigschabers abkratzen, damit wirklich alle Zutaten in den Teig kommen.

Der Teig ist sehr weich und muss jetzt in der Schüssel abgedeckt für 45 bis 60 min an einem warmen Ort ruhen.

Zum Abstreichen 20 g Eigelb mit etwas Milch und einer Prise Salz verrühren.

Herstellung Mohnfüllung
Die Maisstärke mit etwas Milch und den Eiern anrühren. Die restliche Milch mit Zucker, Rum und Vanille-Zucker zum Kochen bringen.

Den Mohn unterrühren und, wenn es wieder köchelt, sehr schnell die Milch-Eier-Maisstärke-Mischung einrühren; unter ständigem Rühren bis zum Kochen erhitzen.

Dann die Mischung direkt in eine neue Schüssel geben, mit Frischhaltefolie abdecken und auskühlen lassen.

Sollte die Füllung nach dem Auskühlen zu fest sein, kann sie mit wenig Milch etwas weicher gemacht werden, sodass sie streichfähig ist.

Füllung Variante 2
Nussfüllung
60 g Maisstärke
5 g Backkakao
100 g Milch
2 Eier
50 g Nussmus
100 g Zucker
10 g Vanillezucker
250 g Nüsse, gemahlen

Herstellung Nussfüllung
Maisstärke und Backkakao mit etwas Milch und den Eiern anrühren, dann das Nussmus unterrühren.

Die restliche Milch mit Zucker und Vanillezucker zum Kochen bringen.

Gemahlene Nüsse unterrühren und sobald es wieder köchelt, die Milch-Eier-Maisstärke-Mischung sehr schnell einrühren und unter ständigem Rühren bis zum Kochen erhitzen.

Direkt in eine neue Schüssel geben, mit Frischhaltefolie abdecken und auskühlen lassen.

Sollte die Füllung nach dem Auskühlen zu fest sein, kann man sie mit etwas Milch wieder weicher machen, damit sie streichfähig ist.

Füllung Variante 3
Quark-Füllung
500 g Quark / Topfen
10 g Vanille-Zucker
30 g Zucker
50 g Maisstärke
etwas Rum oder
Rum-Aroma (optional)
einen Spritzer Zitrone
60 g Rosinen (optional)

Herstellung Quark-Füllung
Zucker, Vanillezucker und Maisstärke vermischen, Quark mit dem Spritzer Zitrone (und dem Rum, wenn gewünscht) glatt rühren und die Zucker-Stärke-Mischung langsam unterrühren. Es dürfen keine Klümpchen entstehen, die Masse muss homogen sein. Gebäck mit dem angerührten Quark füllen und backen.

Wenn gewünscht, können 60 g Rosinen in die Quarkfüllung gegeben werden. Die Rosinen aber vorher waschen und mind. 10 min abtropfen lassen. Dadurch sind sie nach dem Backen saftiger.

Füllung Variante 4
Zwetschgenmus
300 g Zwetschgenmus
20 g Maisstärke
Zimt nach Belieben

Zutaten Butter-Streusel
50 g Zucker
100 g Butter, kalt, gewürfelt
145 g Schär Mix
Kuchen & Kekse
5 g Vanillezucker

Herstellung Zwetschgenfüllung
Zwetschgenmus, Maisstärke und Zimt gut miteinander vermischen.

Herstellung Butter-Streusel
Die kalten Butterwürfel mit dem Zucker verkneten und dann erst das Mehl dazu geben. So kurz wie möglich verkneten. Der Streusel sollte noch grob bröselig sein. Nicht zu lange kneten, sonst wird er zu einem kompakten Mürbeteig.

Herstellung Kolač
Den Teig nun flach drücken und zur Kugel formen. Dann 80 g-Stücke abwiegen und auch diese wieder zu einer Kugel schleifen. Backbleche mit Backpapier vorbereiten.

Die Teigkugeln von Hand flach drücken. Dann so ausformen, dass ein Kreis entsteht, der einen dicken Rand hat. Die flache Fläche sollte nicht dicker als 5 mm sein.

Nun die Teiglinge abdecken und 30 min garen lassen. Gegen Ende der Gare den Ofen auf 180 °C Umluft oder 190 °C Ober-/Unterhitze vorheizen, dabei eine leere, feuerfeste (Metall-)Form auf dem Boden des Ofens mit aufheizen.

Jetzt den dicken Rand der Teiglinge mit der Eigelb-Milch-Mischung gleichmäßig abstreichen. Jetzt Füllung nach Wunsch in der Mitte aufbringen (je nach Füllung 1 bis 2 EL) und glatt streichen. Anschließend die Streusel auf den Kolač verteilen und in den vorgeheizten Ofen geben. Dann ca. 100 ml Wasser in die feuerfeste Form schütten. Den Ofen sofort schließen und je nach Größe der Kolač für 25 bis 35 min backen.

Sonstige Spezialitäten und Glasuren

Klejner

Dänemark

Arbeitszeit
ca. 2 h

Menge
ca. 4 Portionen

500 g Schär Mix Brot
5 g Salz
150 g Rohrzucker
(alternativ normaler Zucker)
10 g Vanillezucker
10 g Backpulver
5 g Kardamom
2 Eigelbe
100 g weiche Butter
200 g lauwarme Milch
(ca. 32 °C)
Abrieb einer BIO-Zitrone

Alle Zutaten in den Knetkessel geben und mit dem Knethaken so lange verkneten, bis ein homogener Teig entstanden ist.

Jetzt nochmal den Teig durchkneten und anschließend mit etwas Mehl ca. 5 mm dünn ausrollen. Fritteuse oder einen großen Topf mit Frittierfett vorheizen.

Jetzt den Teig so schneiden, dass Rauten entstehen. Dazu als Erstes den ausgerollten Teig senkrecht schneiden und dann im 45°-Winkel den Teig nochmals schneiden. So entstehen die gewünschten Rauten. Sie sollten je nach Wunsch zwischen 4 und 8 cm lang sein.

Nun jede Raute nochmal genau in der Mitte einen Schnitt machen.

Nun eine Raute in die Hand nehmen und eine Spitze durch das Loch durchziehen, sodass die Spitze wieder in ihre ursprüngliche Richtung schaut.

Wenn alle Rauten fertig sind, in das Frittierfett geben und so lange frittieren, bis die Gebäcke gold-braun sind. Dabei mind. 1 x wenden. Die erste Minute den Deckel auflegen, so bekommen sie ein schöneres Volumen.

Nach dem Frittieren das Gebäck mit einer Siebkelle aus dem Fett nehmen und auf Küchenkrepp abtropfen lassen.

Vor dem Servieren mit Puderzucker bestreuen.

Pestiños

Spanien

OLIVERS TIPP

Im Laufe der Tage werden die Pestiños immer mehr Aroma entwickeln.

Arbeitszeit
ca. 4 h

Menge
ca. 30 Stück

750 g Schär Mix Brot
250 g Weißwein
100 g Wasser
250 g Olivenöl
2 Kapseln Sternanis
1 Stange Zimt
150 g Honig, flüssig
35 g Wasser
Halb Sonnenblumen- und Olivenöl zum Frittieren
1 Streifen Orangenschale
1 Streifen Zitronenschale

Der Honig kann auch durch Agavendicksaft oder Reissirup ersetzt werden oder man stellt eine Mischung aus Kristallzucker, Zimt und etwas Wasser her.

Wein, Wasser, Sternanis und die Zimtstange in einen kleinen Kochtopf geben und zum Kochen bringen. 5 min köcheln lassen und in ein anderes Gefäß umschütten und auskühlen lassen.

Nun das Olivenöl in einen kleinen Kochtopf geben und die Zitronen- und Orangenschale hinzufügen. Jetzt das Öl erhitzen, bis die Orangenschale Blasen bildet. Das Öl vom Herd nehmen und auskühlen lassen.

Wenn beides ausgekühlt ist, die Orangenschale aus dem Öl und den Sternanis sowie die Zimtstange aus dem Wasser-Wein-Gemisch entfernen.

Nun aus den Flüssigkeiten und dem Mehl einen Teig kneten und diesen dann abgedeckt 2 h ruhen lassen.

Nach der Ruhezeit den Teig stückweise ausrollen auf 2 – 3 mm und 10 x 10 cm Quadrate schneiden oder ausstechen.

Mit einem Pinsel die Mitte jedes Quadrates dünn mit Wasser bestreichen und die 2 gegenüberliegenden Ecken des Quadrates in die Mitte legen und festdrücken.

Während die Gebäckstücke geschnitten und gefaltet werden, die Öl-Mischung aufheizen. Die Pestiños im Fett nach und nach ausbacken, sodass sie gold-braun sind und mit einer Siebkelle auf Küchenkrepp zum Abtropfen legen.

Sobald alle Pestiños ausgebacken sind, wird die Glasur angesetzt.

Dafür den Honig mit 35 g Wasser in einem kleinen Kochtopf erhitzen und etwas aufkochen, dass ein Sirup entsteht. Er darf nicht zu dick sein. Die Pestiños durch diesen Sirup ziehen und auf einem Kuchengitter abtropfen lassen.

White Christmas Slices

Australien

Arbeitszeit
ca. 1 h + 3 h Kühlen

Menge
ca. 4 Portionen

1 Zitrone, Bioqualität
90 g Kürbiskerne
650 g weiße Kuvertüre (keine Schokolade)
110 g Kokosfett
65 g getrocknete Kirschen oder Cranberrys
30 g Popcorn (salzig)
70 g Mandel, gestiftet
20 g Kokosflocken oder -raspeln

OLIVERS TIPP

Am besten immer nur das abschneiden, was gerade serviert werden soll. So schmeckt es immer frisch.

Die Zitronen mit heißem Wasser abwaschen und die Schale fein reiben.

Kirschen oder Cranberrys grob hacken. 1 EL von den Kirschen/Cranberrys und 1 EL der Kürbiskerne mit den Kokosflocken vermischen und zur Seite stellen. Die Kürbiskerne und Mandelstifte nacheinander in einer beschichteten Pfanne ohne Fett anrösten und anschließen in einer Schüssel oder auf einer kleinen Platte auskühlen lassen.

Eine Kastenform mit ca. 25 cm Länge leicht befeuchten und mit Frischhaltefolie auslegen und möglichst glattziehen.

Das Kokosfett bei mittlerer Hitze in einem kleinen Topf warm machen. Währenddessen die weiße Kuvertüre fein hacken. Das erhitzte Kokosfett vom Herd nehmen und die Kuvertüre unter ständigem Rühren im Kokosfett schmelzen lassen.

Nun die gehackten Früchte, geriebene Zitronenschale, Mandelstifte und das gesalzene Popcorn unter die weiße Kuvertüre-Kokosfett Mischung heben. Es sollte alles homogen verteilt werden.

Die Kuvertüre-Mischung in die Form geben und glattstreichen. Direkt mit der Kokosflocken-Kürbiskern-Fruchtmischung bestreuen und mind. 3 h in den Kühlschrank stellen.

Wenn es fest ist, die Süßigkeit aus der Form stürzen und entweder in dünne Streifen oder in kleine Würfel schneiden.

Dulce de membrillo

Spanien

OLIVERS TIPP

Ich habe es so gemacht, dass ich Gläser mit Schraubverschluss in verschiedenen Größen (Gurkenglas, Wurstgläser, etc.) abgekocht und bis zum Rand mit dem Gelee gefüllt habe. Dann die Gläser auf den Kopf stellen, bis sie abgekühlt sind. So hält sich das Gelee jahrelang.

Es lohnt sich, mehrere Kilos davon zu machen, da im Herbst die Zeit der Quitten ist.

Zum Frühstück auf frischen Brötchen – Lecker!

Arbeitszeit
ca. 1:15 h
+ 2 Tage kühlen

Menge
ca. 4 Portionen

1.000 g Quitten
Zucker in gleicher Menge wie Quitten nach dem Kochen

Die Quitten gut waschen, der Länge nach halbieren und in einen Topf geben.

Mit reichlich Wasser bedecken und bei starker Hitze zum Kochen bringen. Nach dem Aufkochen des Wassers etwa 20 min kochen oder bis sie sehr weich sind.

Mit einem Löffel herausnehmen und abtropfen lassen, die Kerne und das Kerngehäuse entfernen und ohne sie zu schälen, in einer Küchenmaschine zu einem Püree zerkleinern.

Durch ein Sieb in eine Schüssel abseihen und abwiegen.

Die gleiche Menge Zucker abwiegen und geben zusammen mit den Quitten in den Topf geben.

Bei starker Hitze unter Rühren mit einem Holzlöffel zum Kochen bringen, dabei sehr vorsichtig sein, da es spritzt.

Die Hitze auf ein Minimum reduzieren, unter Rühren 15 bis 17 min kochen.

Dann herausnehmen, in eine mittelgroße Auflaufform gießen, glattstreichen und bei Raumtemperatur abkühlen lassen. Die Masse sollte in der Form ca. 1 – 2 cm hoch sein.

Die Form mit Frischhaltefolie abdecken und 2 Tage im Kühlschrank fest werden lassen.

Aus der Form lösen und in kleine Würfel schneiden. Verpackt im Kühlschrank lagern.

Gebrannte Mandeln

Spanien

Arbeitszeit
ca. 1 h

Menge
ca. 1 Portion

100 g Mandeln ganz, mit Schale
88 g Zucker
50 g Wasser
5 g Vanillezucker
½ TL Zimt

Zucker, Vanillezucker, Zimt und Wasser in einen Topf geben und alles bei stärkster Hitze zum Kochen bringen.

Die Mandeln dazugeben und dann die Hitze auf die Hälfte reduzieren.

Jetzt heißt es intensiv rühren! Dadurch ist die Möglichkeit gering, dass Zucker und Mandeln anbrennen. Das macht Ihr so lange, bis der Zucker wieder kristallisiert und weiß aussieht.

Jetzt die Hitze auf 1/3 der Höchsteinstellung einstellen und weiter rühren, bis sich der Zucker wieder verflüssigt und die Mandeln glänzen.

Auf ein Backpapier geben und darauf so verteilen, dass die Mandeln einzeln liegen, so verkleben sie nicht miteinander. Komplett abkühlen lassen und anschließend luftdicht verpacken. So können die Mandeln keine Feuchtigkeit ziehen.

OLIVERS TIPP

Bei einem Gasherd bitte die Einstellungen der Gasflamme vorsichtig regulieren, da hier die Wirkung viel stärker ist als bei einem E-Herd.

Damit der Topf wieder sauber wird, diesen mit Wasser randvoll machen, auf den Herd stellen und kurz vor dem Kochen erhitzen und etwas stehen lassen. Der festgesetzte Zucker löst sich und der Topf lässt sich dann einfach wieder reinigen.

Nankhatai

Indien

Arbeitszeit
ca. 1,5 h + 2 h kühlen

Menge
ca. 2 Portionen

2 TL Milch, warm
2 Safran-Fäden
6 Kardamom-Kapseln
½ TL Zimt
½ TL Anis
½ TL Fenchelsamen
15 g Pistazien, geröstet
60 g Schär Mix Kuchen & Kekse
60 g Kichererbsenmehl
40 g Maisstärke
100 g Zucker
100 g Butter, weich
ggf. etwas Milch

Den Safran in warmer Milch einweichen. Danach den Kardamom in einem Mixer fein mahlen. Den eingelegten Safran zusammen mit der Milch in den Mixer geben und zu einer Paste mixen.

Den Ofen auf 175 °C Umluft oder 185 °C Ober-/Unterhitze vorheizen.

Butter und Zucker in der Küchenmaschine schaumig schlagen.

Dann die Safran-Kardamom-Paste, Zimt und Anis dazugeben. Dann das Mehl, die Maisstärke sowie das Kichererbsenmehl und die Hälfte der Pistazien unterrühren. Der Teig sollte wie ein Mürbeteig sein. Nicht zu fest, dass er bricht, aber auch nicht zu weich, dass er sehr klebrig ist. Den Teig im Kühlschrank für 1 – 2 h kalt stellen.

Die Fenchelsamen und restlichen Pistazien in eine kleine Schüssel geben. Den Teig auf 5 – 8 mm ausrollen und die Sterne ausstechen und auf ein Backblech mit Backpapier legen. Die Teigreste wieder zusammen kneten und so lange wiederholen, bis der Teig verbraucht ist. Die Sterne dünn mit Milch abstreichen und auf die Oberseite des Teiges die Fenchelsamen-Pistazien-Mischung geben und für 15 Minuten backen.

Nach dem Backen das Blech aus dem Ofen nehmen und die Kekse vollständig abkühlen lassen.

OLIVERS TIPP

Wenn es schnell gehen muss, den Teig in walnussgroße Stücke teilen, zu Kugeln formen und flach drücken.

Cantuccini

Italien

Mandel-Cantuccini

Arbeitszeit
ca. 1,5 h bis 2 h

Menge
ca. 4 Portionen

100 g Ei
2 g Salz
10 g Bittermandelaroma
1 g Tonkabohnen Pulver
20 g echter Vanillezucker (kein Vanillinzucker)
oder
3 –4 g Vanilleessenz
280 g Schär Mix Kuchen & Kekse
180 g Feinkristallzucker (kein Puderzucker, Rohrohrzucker o.ä.)
10 g Backpulver
20 g Butter, weich
190 g Mandeln, ganz, geschält

Die Eier mit Salz, Bittermandel, Tonkabohne und Vanille aufschlagen.

Währenddessen Mehl, Zucker und Backpulver in einer anderen Schüssel gut vermischen. Bei den Schoko-Mandel-Cantuccini nicht vergessen, den Backkakao mit dazuzugeben.

Wenn die Eier aufgeschlagen sind (mind. 10 min!), die Mehlmischung sowie die Butter zu den Eiern geben und mit dem K-Rührer / Flachrührer oder mit dem Knethaken zu einem homogenen Teig kneten. Anschließend so kurz es geht, die ganzen Mandeln unterkneten.

Den Teig in Frischhaltefolie wickeln und für 30 min in den Kühlschrank stellen.

Den Backofen passend auf 190 °C Umluft (200 °C Ober-/Unterhitze) vorheizen.

Den Teig nach der Kühlzeit in 5 Stücke aufteilen und Rollen von 2 bis 2,5 cm Durchmesser formen, die so lang sind wie das Backblech.

Anschließend die Stangen auf das Blech mit Backpapier legen, dabei auf genügend Abstand zwischen den Stangen achten, und ca. 15 min vorbacken. Sie sollten in der Farbe hellgoldbraun sein, dürfen nicht zu dunkel werden, aber müssen stabil sein. Nach dem Backen die Stangen noch warm in ca. 1 cm breite, schräge Streifen schneiden, das ergibt die typische Form.

Die Streifen mit der Schnittfläche nach unten flach auf dem Backblech verteilen, man benötigt mehr als ein Blech dafür, und nochmals im Ofen für ca. 10 min backen, sodass die Kruste eine schöne, nicht zu dunkle, braune Farbe bekommt.

Anschließend abkühlen lassen. Die Cantuccini am besten in einer Keksdose aufbewahren.

Australien

Weiße Weihnacht mit gesalzenem Popcorn? Wohlige Wärme in unseren weihnachtlichen Backstuben sind wir gewohnt. Was wäre, wenn auch draußen hochsommerliche Temperaturen herrschten? Australier:innen holen sich die weiße Weihnacht mit einem köstlichen Schoko-Konfekt auf den sonnenbeschienenen Gabentisch. Der Clou: In die White Christmas Slices gehört gesalzenes Popcorn.

Wer das ganze Down-Under-Feeling genießen möchte: Warum backt Ihr die australische Leckerei nicht auch mal zum Sommerfest – statt einfach nur den Grill anzuwerfen?

Japanische Snow Puffs

Japan

Arbeitszeit
ca. 1:10 h

Menge
ca. 40 Stück

240 g Schär Mix Kuchen & Kekse
2 EL Stärke
60 g Puderzucker
10 g Vanille-Zucker
160 g Margarine, weich
80 g gemahlene Walnüsse
Puderzucker zum Bestreuen

Mehl, Stärke und Puderzucker miteinander vermischen und durchsieben und in die Knetschüssel geben. Dann Margarine, Vanille-Zucker und die gemahlenen Walnüsse dazu geben. Alles mit dem Flachrührer (K-Haken) auf Stufe 2 für 2 min verrühren. Dabei immer wieder mal den Rand zusammenkratzen. Küchenmaschinen ohne Flachrührer oder Handmixer nehmen den Rührbesen-Einsatz mit wenig Draht oder die Rührbesen-Einsätze.

Der Teig sollte stabil sein. Den Ofen auf 150 °C Umluft oder 160 °C Ober-/Unterhitze vorheizen.

Ein Backblech mit Backpapier auslegen und nun aus dem Teig 2 cm große Kugeln formen und auf das Backblech legen. Nicht zu dicht (ca. 4 cm Abstand), da die Puffs noch etwas in die Breite gehen können.

Die Puffs nun ca. 20 min backen. Dabei ist es wichtig, dass sie nicht gold-braun oder überhaupt braun werden soll. Sie sollen hell bleiben!

Wenn sie gebacken sind, noch heiß mit Puderzucker abstauben und dann auskühlen lassen.

OLIVERS TIPP

Als Matcha-Snow-Puffs zusätzlich 10 g Matcha Pulver beigeben.

Banketstaaf

Niederlande

Arbeitszeit
ca. 1:15 h

Menge
ca. 2 Portionen

Zutaten Mürbeteig
1 Blätterteig (aus „Olivers glutenfreier Backwelt Band 2“ oder gekaufter)
300 g Marzipan
50 g Ei, gemixt und in 2 Schüsseln aufgeteilt
Mandeln, gehobelt

Für Deko
Puderzucker zum Bestreuen beim Ausrollen des Marzipans

Den Ofen auf 180 °C Heißluft vorheizen und ein Backblech mit Backpapier auslegen.

Das Marzipan mit 25 g Ei so verkneten, dass es eine glatte Masse ist. Dann halbieren und 2 Rollen von je 30 cm Länge formen.

Den Blätterteig auf 36 cm ausrollen und halbieren, der Länge nach.

In der Mitte des Blätterteigs die Marzipanrollen legen. Die kurzen Enden nach innen falten und die langen Seiten mit Ei abstreichen (die restlichen 25 g) Die Marzipanrollen so einrollen, dass der Blätterteig etwas überlappt. Das überlappende Ende auch aufrollen und die Rolle so ausrichten, dass diese Stelle unten am Boden ist.

Nun die Banketstaaf mit dem restlichen Ei einstreichen und den gehobelten Mandeln bestreuen. Dann ca. 30 Minuten lang goldbraun backen und auf einem Gitter abkühlen. Backzeit hängt vom Ofen ab.

OLIVERS TIPP

Sie können auch etwas Zimt unter das Marzipan mischen. Sie können auch einen Buchstaben oder eine Form erstellen, statt einer Rolle.

Wenn die Rollen zu groß sind, können sie auch schmalere Streifen schneiden und diese dann in jeweils 4 Stücke schneiden pro Blätterteigstrang. Dann die Marzipanmasse in 8 Teile abwiegen und etwas kürzer rollen, als die Platten sind. Dann weiter wie im Rezept beschrieben. Die Backzeit verringert sich dann auf ca. 20 min, je nach Ofen.

Weihnachts-Karamell-Likör

Polen

Arbeitszeit
ca. 1,5 h

Menge
ca. 2 Flaschen mit 1 Liter

Likör
1.000 g Rum 40%ig (gute Qualität)
1.200 g Dulche de Leche
20 g Vanille-Zucker
10 g Lebkuchengewürz

Dulche de Leche
85 g Butter
455 g Zucker
4 g Salz
12 g Vanillezucker
310 g Vollmilch
420 g Kondensmilch

Herstellung Dulche de Leche:
Die Butter in einer großen beschichteten Pfanne oder in einem Topf schmelzen. Nach und nach Zucker, Salz und Vanillezucker unterrühren.

Langsam die Milch und die Kondensmilch angießen und rühren, sodass eine homogene Masse entsteht.

Die Hitze reduzieren und ca. 40 min köcheln lassen.

Dabei regelmäßig umrühren und aufpassen, dass die Masse nicht anbrennt. Die Dauer ist abhängig von der gewählten Temperatur.

Die Dulche de Leche ist fertig, wenn man, ähnlich einer Gelierprobe beim Marmeladekochen, ein wenig auf einen Teller gibt und die Masse fest wird.

Herstellung Likör:
Dulche de Leche auskühlen lassen und in einen großen Kochtopf von 3 Liter Volumen geben. Nun das Vanillearoma, das Lebkuchengewürz und den Rum zugeben.
Mit dem Rührstab pürieren, bis ein schöner, gleichmäßiger und dickflüssiger Likör entsteht. Nun in Flaschen abfüllen.
Die Konsistenz ist ähnlich einem Eierlikör.

Ergibt 2 Flaschen à 1 Liter und einen kleinen Rest zum sofortigen Probieren. Das richtige Ergebnis schmeckt man aber erst nach 3 – 4 Tagen, wenn die Gewürze schön durchgezogen sind.

Vor dem Genuss kurz schütteln.

Italien

Die vielfältige italienische Küche hält auch Weihnachtliches bereit. Wer seine Cantuccini in süßen Vin Santo dippen möchte oder die schokoladige Variante wählt, für Alt und Jung ist etwas dabei.

Polen

Das Schöne beim Backen sind auch immer wieder die Phasen der Ruhe, in denen der Stuhl vorm Backofen zurechtgerückt wird und der Blick hinein auf die Köstlichkeiten gleitet. Entspannung pur! Wenn's hierzu noch einen leckeren polnischen Weihnachts-Karamell-Likör gibt sind Bäckerin und Bäcker glücklich – oder?

Dextringlasur

Grundrezept

Arbeitszeit
ca. 1 h mit Rösten

Menge Grundrezept
100 g Kartoffelstärke
360 g Wasser

Die Kartoffelstärke auf einem Backblech ohne Backpapier verteilen und im Ofen bei 220 °C leicht bräunen lassen. Sie darf dabei aber nicht zu dunkel werden!

Nun das Wasser in einem Topf zum Kochen bringen und die gebräunte Kartoffelstärke einrühren.

Mindestens 5 min durchkochen lassen; die Lösung muss klar sein.

Zum sehr dünnen und heißen Bestreichen von heißem Gebäck, wie z. B. Lebkuchen oder St. Gallener Biberle.

OLIVERS TIPP

Reste können verschlossen im Kühlschrank aufbewahrt werden. Vor erneuter Verwendung bitte wieder erhitzen, denn sie muss heiß auf heißem Gebäck verwendet werden!

Zuckerglasur für Lebkuchen

Grundrezept

Arbeitszeit
ca. 1 h – 1,5 h

Menge Grundrezept
Das Rezept benötigt unbedingt ein Thermometer! Die Temperatur muss genau eingehalten werden!

250 g Zucker
110 g Wasser
2 Blatt Gelatine, weiß
10g Maisstärke, gesiebt
Aroma/Gewürz nach Wunsch (z.B. Vanille, Zimt, Nelke, Zitrone usw.)

Gelatine in kaltem Wasser einweichen.

Wasser mit Zucker in einem kleinen Topf auf 109 °C erhitzen. Mit der Küchenmaschine oder mit dem Handmixer unter Zugabe der Gelatine so lange schaumig schlagen, bis die Temperatur auf 36 °C gesunken ist.

Nun Maisstärke und Aromen dazugeben und unterlaufen lassen.

Die Masse kann sofort auf den noch warmen Lebkuchen (Elisenlebkuchen, Printen usw.) aufgetragen werden

OLIVERS TIPP

Glasurreste gut verpackt aufheben und kalt stellen. Vor dem Gebrauch einfach erwärmen, z.B. in der Mikrowelle, und wiederverwenden, bis die Glasur aufgebraucht ist.

Impressum

Olivers kleine, internationale, glutenfreie Weihnachtsbackwelt
Oliver Welling,
www.olivers-glutenfreie-welt.de

2. Auflage 2022
Regionalia Apart,
ein Imprint der Kraterleuchten GmbH
Gartenstraße 3, 54550 Daun
Verlagsleitung: Sven Nieder

Illustration & Satz: Steffen Unland, Hasegold GmbH
Lektorat: Tim Becker

Gedruckt in der Europäischen Union, Finidr, CZ

MIX Papier aus verantwortungsvollen Quellen FSC® C014138

ISBN 978-3-95540-706-3
www.regionalia-apart.de